U0032618

秦漢時代的簡牘
畫像與文化流播

# 今塵集

邢義田——著

卷一：古代文化的上下及中外流播

# 自序

　　1980 年代有一位印尼出生的華人歌手文章，唱紅一首臺灣街頭巷尾都聽得到的歌：〈古月照今塵〉，歌由小軒作曲，譚健常作詞：

　　一部春秋史　　千年孤臣淚
　　成敗難長久　　興亡在轉瞬間
　　總在茶餘後　　供予後人說
　　多少辛酸　　　話因果

　　百戰舊河山　　古來功難全
　　江山幾局殘　　荒城重拾何年
　　文章寫不盡　　幽幽滄桑史
　　悲歡歲月　　　盡無情
　　長江長千里　　黃河水不停
　　江山依舊人事已非　　只剩古月照今塵
　　莫負古聖賢　　效歷朝英雄
　　再造一個輝煌的漢疆和唐土

這首歌陪伴了我太半的研究生涯，餘音繞梁，久久不去。我特別喜歡「文章寫不盡幽幽滄桑史」、「江山依舊人事已非，只剩古月照今塵」這幾句，一度決定將自己過去發表的論文輯為《古月集》，退休前後這些年來新寫的輯為《今塵集》。不意《古月集》牽連太多，猶待整編，《今塵集》卻先面世了。

《今塵集》所輯為 2011 年以後這八、九年來所寫的論文，這些論文有不少是我過去研究的延續，但也有些是具方向性的新嘗試，所謂方向性是指材料、方法和課題三方面：在材料上，我試圖在過去不甚搭界的傳世、出土和圖像材料之間建立橋梁；在方法上，試圖揉合上述三類材料，用我稟持的論說方式，說服今天以研究傳世和出土文獻為主流的古史學界也能用另一隻眼看圖像，我相信圖像如同文字，一樣能對今人吐露心聲。

在課題上，主要集中在以下三個主題：

(1) 古代文化的上下及中外流播。〈秦漢平民的讀寫能力〉、〈漢代邊塞隧長的文書能力與教育〉、〈秦漢基層員吏的精神素養與教育〉和〈從《太平經》論生死看古代思想文化流動的方向〉這四篇，都是在探討一個本屬社會上層統治菁英擁有的文字能力和思想如何流播到平民百姓的世界裡去。我必須承認社會底層的某些文化因素是否也曾向上流播，同樣應該注意，可惜我尚無力及此。〈再論「中原製造」〉則是利用出土文物，指出秦漢中國和域外之間的物質文化交流，這是幾年前所出《立體的歷史：從圖像看古代中國與域外文化》（三民書局、三聯書店，2014）一書的延續。

(2) 秦至晉代的簡牘文書。這部分有正式的論文，也有讀簡札記，共十餘篇，隨讀成文，不成系統。有些是據新出的材料補證過去曾論證過的問題，例如文書正副本和簽署、有期刑和乘車乘馬

吏，有些則是閱讀嶽麓書院、里耶秦簡、懸泉漢簡、走馬樓三國吳簡和郴州晉簡等新材料的札記。近十餘年來秦漢簡牘帛書不斷出土和刊布，數量之多，頗感接應不暇，而相關研究又多如牛毛，不能不興「生也有涯，知也無涯」之嘆。這部分所論必多不足和不妥，只能期待後浪再接再厲了。

(3) 簡牘、畫像和傳世文獻互證。這部分收有論文七篇，這七篇的共同點都在以不同性質的材料互證，試圖打破傳統專業或學科的界線。有些發表在藝術史的期刊，有些發表在古文字學的刊物，有些出現於學報或祝壽論文集，有些改寫自演講，讀者群頗有不同。如今收錄在一起，希望方便更廣泛的讀者，能有機會在我的論文裡看到在其他固守傳統研究領域和方法的論文裡被忽略的問題和方面，為認識古代中國社會、思想和文化找到新的可能。

以上論文刊出後，不斷有師友和同學指正，我自己也陸續發現了不少須改正或增刪之處。這次收錄都作了或多或少的刪補，雖然基本看法大多維持。改變較大的是例如對馬王堆漢墓帛畫「太一祝圖」性質的認識。過去我在論文中曾贊同太一祝圖的說法，現在認為不如稱它為社神圖更妥當。關鍵在於我和其他學者一樣，過去都沒有充分意識到帛畫上書寫「榜題」和「題記」，這兩種形式所具有的不同意義，也沒整體地考慮這些帛畫存放位置以及和喪禮過程的關係，並錯誤地以為古代畫作有所謂的「總題記」。是否如此，敬待讀者的批評和指教。

臺灣出版環境十分不易，學術性書籍銷路尤其有限。不意不久前，聯經主動求稿，令我感覺意外和感謝。為答雅意，特別徵得北京大學人文社會科學研究院鄧小南院長同意，將去年秋天在該院的一場演講整理成稿，納入聯經版，分享讀者。又中西書局簡體版

（2019）出版後，陸續發現一些錯誤，又看到不少同行的論文和新材料，有了新想法，這回出繁體版，或增補修改，或保留原樣而註明自己的失誤。我現在的想法當以聯經版為準。

　　末了，我要感謝這些年來無數支持和鼓勵我的師友和同學，感謝家人維紅和本寧、本元的容忍和耐心。研究太忙常是藉口，失職的丈夫和爸爸則是真實。這本書獻給家人。

邢義田　109.10.5
於南港史語所

目次

# 卷二　秦至晉代的簡牘文書

古代文化的
上下及中外流播

# 秦漢平民的讀寫能力
## 史料解讀篇之一

　　古代希臘、羅馬社會的識字率或讀寫能力（literacy）一直是西方古典研究學界一個熱門的話題。尤其自從 1989 年威廉・哈理斯（William V. Harris）在其大作《古代讀寫能力》中指出，古代希臘和羅馬世界在任何時期的識字率都不曾超過人口的 5%至 10%以後，激起極大的回響，贊成和反對者都有。[1]在中國史的領域中，有關

1　William V. Harris, *Ancient Literacy*（Cambridge: Harvard University Press, 1989）；J.H.Humphrey ed., *Literacy in the Roman World*（Ann Arbor: Journal of Roman Archaeology Supplementary Series 3, 1991）；Rosalind Thomas, *Literacy and Orality in Ancient Greece*（Cambridge: Cambridge University Press, 1992）；Alan K. Bowman and G. Woolf eds., *Literacy and Power in the Ancient World*（Cambridge: Cambridge University Press, 1994）；Teresa Morgan, *Literate Education in the Hellenistic and Roman Worlds*（Cambridge: Cambridge University Press, 1998）；Allen R. Millard, *Reading and Writing in the Time of Jesus*（Sheffield: Sheffield Academic Press, 2002）；E. Anne MacKay, *Orality, Literacy, Memory in the Ancient Greek and Roman World*（vol. 28, *Mnemosyne Supplement* 298, Leiden/Boston: Brill, 2008）；William A. Johnson and H. N. Parker eds., *Ancient Literacies: the Culture of Reading in Greek and Roman World*（Oxford: Oxford University Press, 2009）；Niall W. Slater ed., *Voice and Voices in Antiquity*（Orality and Literacy in the Ancient World, 11; *Mnemosyne supplements* 396, Leiden/Boston: Brill, 2016）；Anne Kolb ed., *Literacy in Ancient Everyday Life*（Berlin/Boston: De Gruyter, 2018）. Hella Eckardt, *Writing and Power in Roman World: Literacies and Material Culture*（Cambridge: Cambridge University Press, 2018）；Friedrich Rainer, *Postoral*

中國古代識字程度和相關的初級教育問題，近年也引起了若干學者的關注和討論，[2]但熱烈的程度遠遠不如西方的古典研究學界。[3]

就古代中國和古代地中海世界而言，探究識字率或讀寫能力，有幾個頗為類似的基本困難：

(1) 一是何謂「識字」或「讀寫能力」？識字或讀寫到什麼程

---

Homer. Orality and Literacy in the Homeric Epic.（Hermes Einzelschriften, Band 112, Stuttgart, Franz Steiner Verlag, 2019）.

2　邢義田，〈漢代邊塞吏卒的軍中教育〉，《大陸雜誌》，87：3（1993），頁 1-3，增補收入邢義田，《治國安邦》（北京：中華書局，2011），頁 585-594；Mark E. Lewis, Writing and Authority in Early China（Albany: State University of New York Press, 1999）；冨谷至，〈字書は誰のために？——流沙出土の資料から〉，《木簡・竹簡の語る中國古代》（東京：岩波文庫，2003），頁 140-145；劉恒武中譯本，《木簡竹簡述說的古代中國》（北京：人民出版社，2007），頁 89-92；張金光，〈學吏制度——兼與漢比較〉，《秦制研究》（上海：上海古籍出版社，2004），頁 709-738；葉山（Robin Yates），〈卒、史與女姓：戰國秦漢時期下層社會的讀寫能力〉，《簡帛》，第三輯（上海：上海古籍出版社，2008），頁 359-384；高村武幸，〈漢代の官吏任用と文字の知識〉，《漢代の地方官吏と地域社會》（東京：汲古書院，2008），頁 88-111；宮宅潔，〈秦漢時代の文字と識字——竹簡・木簡からみた〉，收入冨谷至編，《漢字の中國文化》（京都：昭和堂，2009），頁 191-223；邢義田，〈漢代《蒼頡》、《急就》、八體與「史書」問題〉，《古文字與古代史》，第二輯（臺北：中央研究院歷史語言研究所，2009），頁 429-468，收入邢義田，《治國安邦》，頁 595-651；Enno Giele，〈古代の識字能力を如何に判定するのか——漢代行政文書事例の研究〉，收入高田時雄編，《漢字文化三千年》（京都：臨川書店，2009）；Li Feng and David Prager Branner eds.,Writing & Literacy in Early China: Studies from the Columbia Early China Seminar （Seattle and London: University of Washington Press, 2011）。

3　過去二十年西方古典學界研究古代地中海世界讀寫能力的一份較完整書目和討論見 Shirley Werner, "Literacy Studies in Classics: the Last Twenty Years," in William A. Johnson and H. N. Parker eds., Ancient Literacies: the Culture of Reading in Greek and Roman World, pp. 333-382. 此文所附書目部分列出的專書和論文達三十二頁，約六百種。

今塵集：秦漢時代的簡牘、畫像與文化流播
　　——卷一 古代文化的上下及中外流播

度才算識字或能夠讀寫？如果考慮人際溝通，讀寫和口耳說聽、肢體表達等其他方式的溝通的關係如何？在古代有多少情況是依賴口傳或口授和代讀、代寫達到溝通的目的？

(2) 二是如何去估計識字率或讀寫能力？如果談識字率，必然涉及人口數。我們應以什麼樣的人口基數去作估算？人口有老、小、男、女。秦漢時被列入「小」或僅五、六歲的兒童，基本上幾乎不參與家以外的社會活動。將他們列入計算的基數，有何意義？又因為古代社會性別角色的差異，不計性別差異的識字率估計，是否合適？

(3) 三是如何評估不同性質的書寫或銘刻材料（例如陶片 ostraka、莎草紙 papyri、鉛牘 lead tablet、牆壁題書 graffiti、木牘 wooden tablet、帛、骨、牙、植物葉片、銅器、漆器、陶器銘文、壁畫、石刻題記……）在不同的使用脈絡下，所能反映使用者讀寫能力的程度？例如陶片上刻或寫的名字、銅、陶、漆器上的銘刻和莎草紙或簡帛上出現的公私文書，它們所反映的書寫者的身分和讀寫能力，恐怕很難等同視之。同樣不容易評估的是：如何去拿捏文獻中偶然留下的隻字片語或故事，由此分析它們和識字或讀寫普及程度的關係？

面對上述的困難，和中國古代相關的研究又多不足，目前恐怕沒有人能為中國古代識字率或讀寫能力的問題下一個不起爭議的結論。因此，本文並不打算去推估一個中國古代的識字率，僅僅嘗試重新評估一下若干曾經以及可能被學者用來討論秦漢識字率或讀寫能力的傳世和出土材料。

這些材料或可粗分為出土材料和傳世文獻兩大類，出土材料又

可再分為以下三類：（一）私人簡、帛書信、（二）具有公文書性質的簡牘契券或公文書、（三）工匠在金、銀、銅、玉、漆、陶器、磚、石、骨等上面的題刻文字以及墓壁文字題榜等等。過去當然已有極多學者注意到這些材料，但就（一）、（二）類而言，一般較注意這些公私文書的形成、內容、樣式和流通，極少考慮這些文書的書寫者是誰？是親書或代筆？能反映多少當時人們的讀寫能力？第（三）類也有極多的著錄和研究，但一般簡單地將它們看成是由工匠題或刻，很少從讀寫能力的角度，考慮不同器物生產的過程以及題刻內容的作用、意義和執行題刻者之間的關係，並分析誰才是真正的內容作者？誰又是題刻書寫者？能反映誰的讀寫能力？以下將約略依以上分類，各舉若干例子，做些分析和討論。

在討論之前，必須先聲明本文所謂的「平民」，基本上是指秦漢時代在鄉里中一般以農牧工商等為業的成年男女，不論財富多寡，也不論爵級高低。[4]他們構成秦漢人口的絕大多數。秦漢社會雖有「吏」、「民」身分的區分，有時卻非絕對。鄉里的成年男女可因種種原因（例如因徭役或僅因家貧償債），承擔地方雜役，即所謂「給事」或「給縣官事」。男子在地方服役為正卒，番上京師為衛卒或遠赴邊塞而成戍卒、隧卒或田卒，有時因貧困，在地方為亭長，[5]稍具讀寫能力的則可為「小史」。[6]他們原是平民，但在某些方

---

4　秦漢時代有所謂庶人、庶民。但「庶人」或庶民」有時指平民，又常指有罪者因免罪而為庶人，或奪爵，或免奴婢為庶人。本文所謂平民指涉較廣，包括有罪無罪，有爵無爵者。

5　其例見《漢書・朱博傳》，頁 3398；《後漢書・吳漢傳》，頁 675；《後漢書・逸民傳》，頁 2759。

6　其例見《漢書・翟方進傳》，頁 3411：「方進年十二三，失父孤學，給事太守府為

面又在某些時刻可以說擔任著「吏」的工作。秦漢文獻常連言「吏民」，泛指天子治下所有的吏和百姓，有時指的又僅僅是齊民百姓。文獻中還有所謂「吏比者」，如淳說：「非吏而得與吏比者官（按：「官」字衍），謂三老、北邊騎士也」。[7]這些人的身分即在吏與非吏之間。本文所說的平民包括一般的工、農、商百姓、鄉里中「給事縣官」、「給吏」或「比為吏」的人，不包括在縣及縣以上有機會世襲為「史」的吏以及更高身分的官吏。大致上說，也就是排除《漢書・百官公卿表》所列舉的官和吏。

《漢書・百官公卿表》記載西漢末地方和中央「自佐史至丞相」有官吏十二萬二百八十五人。[8]他們毫無疑問是秦漢社會具有最高

---

小史，號運頓不及事。」既云「學」，應稍具讀寫能力。史通事、吏，有學者認為小史或任官府雜事而非必能讀寫。然《漢書・路溫舒傳》說路溫舒父使其牧羊，「溫舒取澤中蒲，截以為牒，編用寫書，稍習善，求為獄小吏。」《漢書・王尊傳》說王尊「能史書，年十三，求為獄小吏。」二人都求為獄小吏，一曰習善，一曰能史書，可見善、能義近可通。王尊只有十三歲，不到起碼的十七，年齡上還不夠格為史，但因善寫史書或隸書，或者說能書寫如史，而得求為獄小吏。小吏可理解為小史。

7　見《史記・平準書》集解引如淳曰。按《史記・平準書》和《漢書・食貨志》文辭略異，而歷代注解亦不同，此處不擬多論，謹依瀧川龜太郎之考證：「吏比，非吏而比吏者」。見瀧川龜太郎，《史記會注考證》，卷三十，〈平準書〉（臺北：宏業書局影印本，1980），頁25。又張德芳、胡平生，《敦煌懸泉漢簡釋粹》（上海：上海古籍出版社，2001），簡II02151:76：「……若以縣官事毆詈五大夫以上或一歲吏比者，有將辨治。……」（頁12）「吏比者」為漢代常詞，如淳注「者」下原有一「官」字，此字連上或連下讀，都不通，疑衍。

8　《漢書・百官公卿表》所謂的「佐史」僅包括縣以上各單位的佐史，還是包括縣下例如尹灣漢墓所出東海郡各縣鄉員吏簿木牘中所列的「官佐」、「郵佐」、「鄉佐」等等，不明。但居延簡123.52「右佐史一人　蘇卓」，303.5「……給佐史一人元鳳三年正月盡九月積八月少半日奉」。佐史一人則佐史二字連讀，《漢書・百官公卿表》的「佐史」應為秩級最低者之稱，不是指佐和史。

等級讀寫能力的一群。他們不但能閱讀和書寫，更經訓練，能夠處理從中央到地方複雜的文書行政。其複雜和系統化的程度，恐怕是西元前後四百年內，世界之最。研究古代地中海世界讀寫能力的學者特別將這樣的能力名之為「官員的或行政的讀寫能力」（officials' or administrative literacy），而和一般的「工匠讀寫」（artisans' literacy）、「姓名讀寫」（name literacy）、「名單讀寫」（list literacy）、「理財讀寫」（banking literacy）、「商務讀寫」（commercial literacy）等等區分開來。[9]如果僅估算具有最高等級讀寫能力的人數（除了前述十二萬餘在職員額內的官吏，應另外加上員額外、已致仕和正培養中的吏，後幾類惜無法估計），對照當時的人口五千九百餘萬（《漢書‧地理志》平帝時人口數：59,594,978），西漢晚期較嚴格定義下的男性識字率應約不低於總人口的 0.2％，男性人口的 0.4％。由於西漢末期的郡國人口數和官吏人數相當具體可靠，這個識字率較易得出，較可信，當然也明顯偏低。因為，可想而知秦漢時代還有很多以農牧工商等為業的平民以及鄉里中的吏比者或吏，他們也有不同程度或某些特定方面的讀寫能力。他們到底有多少人？程度如何？才是真正的問題。本文即試圖以他們為對象作些探討。

## 一 私人書信——以秦「黑夫」家書和漢「元致子方」帛書為例

在迄今出土的秦漢簡帛中有不少私人書信，有些書信透露出通

---

9　Rosalind Thomas, "Writing, Reading, Public and Private "Literacies"- Functional Literacy and Democratic Literacy in Greece," in W.A.Johnson and H. N. Parker eds., *Ancient Literacies: the Culture of Reading in Greece and Rome*, pp.13-45.

信者的身分並不高，因此常被用來當作平民識字的一項證據。本節僅分析雲夢睡虎地四號秦墓出土的兩件寫在木牘上的書信，和一件敦煌懸泉置遺址出土的帛書書信。它們基本上都比較清晰完整，可作為代表。

1975 至 1976 年湖北省博物館在湖北雲夢睡虎地發掘清理了大小和形制十分相似的小型土坑秦墓十二座。其中十一號墓出土千餘件包括秦律、日書在內的竹簡。其北不遠的四號墓則出土了寫在木牘兩面有「黑夫」和「驚」二人之名的家信兩封（圖1）。這是迄今所知為時最早的私人信件，長期受到學者關注。最近有學者認為這兩封信「確證了普通秦代士兵的讀寫能力」，並進一步推斷「很有可能這些信件不只是零星案例，普通人已經具備了與遠方親友寫信溝通信息的能力。」[10]這位學者是在討論戰國秦漢的「卒」，也就是士兵的讀寫能力時，舉出這兩封信為證據。黑夫和驚在信中提到他們參加了可能是西元前 224 年秦對楚的戰爭。或許因為如此，才判斷他們是普通的士兵吧。

黑夫和驚是卒或普通士兵僅是一種推

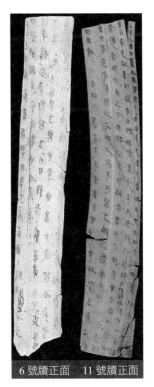

6 號牘正面　11 號牘正面

圖 1 睡虎地四號秦墓

10 葉山（Robin Yates），〈卒、史與女姓：戰國秦漢時期下層社會的讀寫能力〉，《簡帛》，第三輯，頁 380。

測，他們也有可能是軍官或是吏。書信內容其實並沒有提到寫信者和收信者的身分或頭銜，現在恐怕誰也不能肯定他們真正的身分。以下不過是再作一次分析，試探不同解釋的可能。

首先可以確定的是黑夫和驚的木牘書信出土於四號墓。由此或可推想，他們二人應與四號墓主關係密切，其信件對墓主有頗為重要的意義，才會陪葬在墓裡。四號墓墓主的身分不明，但從墓葬規格和陪葬內容看，應和第十一號墓墓主類似。第一，在規格上，兩墓的墓口和墓底的長寬深度、一槨一棺的大小和木質，有腳窩的墓坑形制幾乎相同；第二，在同一地點十二座墓中，唯有這兩座出土竹簡或木牘，也唯有這兩座出土一或二件銅鼎，更值得注意的是它們也是唯一出土有毛筆、銅削或墨、硯等相關文具的。[11]

圖 2　里耶牘 J1（9）5 正背面

如果陪葬品可以多少反映墓主的身分，這兩座墓的墓主似乎有不同於其他十座墓墓主之處，即他們都以文具陪葬，生前的職務應

---

11　雲夢睡虎地秦墓編寫組，《雲夢睡虎地秦墓》（北京：文物出版社，1981），頁 11「墓葬形制登記表」、頁 63「隨葬器物登記表」。十一號墓出土毛筆三、銅削一，四號墓出土墨一、硯一。

　今塵集：秦漢時代的簡牘、畫像與文化流播
　　　　　　—— 卷一　古代文化的上下及中外流播

和文書工作較為相關。據十一號墓出土的〈編年記（葉書）〉簡，可知墓主喜曾任安陸御史、安陸令史和鄢令史等職，曾「治獄鄢」，更曾三度從軍，參加對楚的戰役。其墓又出土了千餘枚秦律和其他內容的簡牘，可以有力地證明他曾是秦南郡一位具有「史」這類身分，需要處理治獄和其他行政的縣級小吏。因此，墓葬規格和陪葬內容相似的第四號墓主，也較可能曾任某種地方吏，而不是普通士兵。其墓所出的書信屬於吏這一類人的可能性應大於士兵。

其次，根據睡虎地秦律和沿自秦代的漢初《二年律令》〈史律〉的規定，只有史之子才能入學室。秦漢地方吏職有相當濃厚的世襲性，吏的子弟或兄弟大概都有較好的機會因「能書」而出任吏職。以上只能間接推證，但我相信黑夫或驚和十一號墓主喜一樣，曾參加戰役，有能力寫信回家，將木簡和文具用於陪葬，來自地方小吏之家的可能性應該高過來自「卒」或普通士兵之家。

第三，大家都知道韓信年輕時因家貧「不得推擇為吏」，秦和漢代對為吏有一定的貲產要求。為吏需要自備起碼的衣冠車馬；成為吏之後如果貲產減少，低於要求，可能被迫「罷休」。[12] 又我們知道漢代邊塞的戍卒除了私人衣裝，也有縣官配給的襲、袍、絝、枲履，甚至襪子。居延破城子出土，來自淮陽的誠北隧戍卒處賢的衣裝封橐可以清楚證明如果是卒，享有官方配給的基本衣物。[13] 秦代

---

12 邢義田，〈從居延簡看漢代軍隊的若干人事制度〉，《治國安邦》（北京：中華書局，2011），頁 548-552。

13 詳參史語所簡牘整理小組編，《居延漢簡（壹）》（臺北：中央研究院歷史語言研究所，2014），簡 8.2。居延等地戍卒的基本服裝均由官府供給，官府供給的的衣物名稱前加一「官」字。其例甚多。私衣物也有，但蕭璠指出私人衣物種類和數量都不多。詳參蕭璠，〈關於額濟納河流域發現的八點二號漢代封檢〉，收入簡牘整

情況不明，但從睡虎地秦簡《金布律》和《司空律》看，為公家服役的刑徒在服役時都由公家定時供給衣食，或可推想士卒亦不應例外。正因為黑夫和驚是吏不是卒，需要自備衣物，才發信要求家人寄錢和衣物。這應可作為黑夫和驚可能是吏，不是卒的一個旁證。

第四，帛比竹木簡昂貴。一封帛信用帛雖有限，也須二三錢左右，相當於一斤牛羊肉，或半斗黍或一斗菽。長沙尚德街出土東漢木牘 101 正面提到縑五尺一百七十五錢，[14]一尺要三十五錢。如果信寫在縑上，長一尺寬一寸要三點五錢，寬兩寸就要七錢，三寸以上要十餘二十錢，其價甚昂。秦漢一般士卒享有口糧而無月俸，官吏有口糧和月俸。出土帛信的敦煌地區，在漢代常有欠餉缺糧，吏卒迫於饑寒，變賣衣物或借貸的情形。在惡劣的經濟環境下，收入較多的官吏應較有可能用縑帛寫信。[15]一個旁證是在敦煌小方盤城東南約四點五公里的第十三地點（T.XIII.i.ii.或 D24，王國維推定為當穀隧），[16]斯坦因曾發掘到兩件都是政給幼卿的帛書殘件，信中提到幼卿「察郡事」如何如何，又政曾「奏書／為定襄太守」云云，可見寫信的政和收信的幼卿都是職位不低的官員。[17]迄今還沒有發現任何一封由戍卒、隧卒或田卒這類「卒」所發的帛信。[18]

---

理小組編，《居延漢簡補編》（臺北：中央研究院歷史語言研究所，1998），頁 15-19。

14  長沙市文物考古研究所編，《長沙尚德街東漢簡牘》（長沙：岳麓書社，2016）。

15  參本文附錄：帛信材料價格。

16  參吳礽驤，《河西漢塞調查與研究》（北京：文物出版社，2005），頁 66。

17  甘肅省文物考古研究所編，《敦煌漢簡》，下冊（北京：中華書局，2005），簡 1871、1872。

18  現在已刊布的懸泉帛書還有另外兩件，一件為建寫給中公及夫人，有「待罪侍御史」，「以稱太守功名行者」、「慎察吏事」等語，可證此信的收、發者皆非一般士

第五，睡虎地這兩封信的字體書法也值得注意。現在已經有比較好的圖版可以參考（圖1）。從較清晰的圖版看，兩信的秦隸書法十分成熟老練，並且和時代相去不遠的龍山里耶公文木牘書風有相近之處（圖2），反映出那時秦的地方吏或曾經歷相當的書法訓練。黑夫或驚能寫這樣訓練有素的字，是吏的可能性因而較大。

　　以上五點都不是直接證據。但相較於其他純然的臆想，這五點使我傾向於相信睡虎地四號墓出土的這兩封信，不是出於一般的卒或士兵，而是出於具有較高、較老練文書能力的小吏之手。即便黑夫和驚是卒或士兵，也可能請人代筆。換言之，是否能夠用這兩封信去證明士兵，甚至一般普通人的讀寫能力，恐怕需要更慎重一點。

　　近年敦煌懸泉置出土了一件書寫在帛上，央人代筆而成的私信（圖3.1-3.3），發信人元在最後「自書」了一行字。元是不是平民呢？請先看一下信的內容：

1. 元伏地再拜請
2. 子方足下：善毋恙。苦道，子方發，元失候，不侍駕，有死罪。丈人、家室、兒子毋恙。元伏地願子方毋憂。丈人、家室
3. 元不敢忽驕。知事在庫，元謹奉教。暑時，元伏地願子方適衣，幸酒食，察事，幸甚。謹道：會元當從屯
4. 敦煌，乏沓，子方所知也。元不自外，願子方幸為元買沓一兩，絹

---

卒。另一件萬寫給子恩，正背兩面內容涉「家室不調」、「千金在置，願校計」云云，惜難確定收、發者身分。即云「千金」，疑亦非一般士卒所能擁有。帛書圖影見西林昭一編集，《簡牘名蹟選7》（東京：二玄社，2009），頁26-31。

韋，長尺二寸，筆五枚，善者。元幸甚。錢請

5. 以便屬舍，不敢負。願子方幸留意。沓欲得其厚，可以步行者。子
方知元數煩擾，難為沓。幸<sup>二</sup>甚<sup>二</sup>。

6. 所因方進記差次孺者，願子方發，過次孺舍，求報。次孺不在，見
次孺夫人容君求報，幸甚。伏地再拜

7. 子方足下。所幸為買沓者，願以屬先來史，使得及事，幸甚。(元伏
地再<sup>二</sup>拜<sup>二</sup>)。

8. ・呂子都願刻印，不敢報。不知元不肖，使元請子方，願子方幸為
刻御史七分印一，龜上，印曰：呂安之印。唯子方留

9. 意。得以子方成事，不敢復屬它人。・郭營尉所寄錢二百買鞭者，
願得其善鳴者，願留意。

10. 自書所願以市事，幸留<sup>二</sup>意<sup>二</sup>，毋忽，異於它人[19]

　　這封信寫在一長方形帛上，寬 10.7 公分，長 23.2 公分，剛好
為尺牘的長度。原帛曾折疊，縱向二折，橫向三折成小方塊。因折
疊久壓，造成很多浸印反向的字跡痕。只有第七行末有正向字「元
伏地再<sup>二</sup>拜<sup>二</sup>」，其墨色、筆跡和信尾「自書」以下相同，因此「元
伏地再<sup>二</sup>拜<sup>二</sup>」這幾個字應該是發信的元自己加上的。從墨色和筆跡
看，全信主體是請人代筆，發信人元除了補寫以上幾個字，又在最
後補上一行，注明「自書所願」云云，似乎在強調這整封信都是他
自己寫的，[20]但更可能的情況是子方和元相熟，子方明知元不善

---

19　張德芳、胡平生，《敦煌懸泉漢簡釋粹》，頁 187。此件較好的圖版見西林昭一編
　　集，《簡牘名蹟選 7》，頁 19。

20　現在也有學者主張全信由同一人所書，不存在代筆問題。參郭永秉，〈莫道庫吏
　　不能書〉，《第四屆國際簡帛學研討會暨謝桂華先生誕辰八十周年紀念座談會論文

圖 3.1

圖 3.2

圖 3.3　敦煌懸泉置遺址出土西漢帛信及局部
取材自二玄社，《簡牘名蹟選 7》，頁 19。

書，元信常由他人代筆，因此元擔心子方可能會疏忽信中的要求，才特別強調「自書」，刻意鄭重叮嚀收信的子方千萬不可誤事。因為御史、郭營尉職位都比一位小小庫吏高，他們有事委託，元可得罪不起。[21]

從信的內容看，元是一位在倉庫工作的史，不是一般的卒。張德芳和胡平生將信中所說元「知事在庫」理解為「管理庫房事務」，[22]此說可信。信中元向子方報告其家中長輩老人、家室（疑指其妻）和兒子的情況。子方遠行在外，元代為照顧其家人，未曾疏

---

集》（重慶，2018），頁 83-91，稍修改刊於2018.11.9《文匯報》。自書或代書何者為是，讀者可自作判斷。我感覺如果主張同一人所書，可能要回答幾個基本問題：書法家固然會在同一件作品中變換書體或書風，以達到某種書法表現的效果，但一件普通的書信，有必要如此嗎？更何況一位小小庫吏，有何必要在日常書信的末尾忽然改變書寫的樣貌並強調自書？如果全信都出自庫吏之手，收信人也熟悉庫吏的筆跡，自書二字豈不多餘？自書以下文字何須低格另起一行？即便要強調自書，以示慎重其事，與前文用同一書體連續書寫，不是更順手自然嗎？

21 代筆的論斷已見張德芳、胡平生，《敦煌懸泉漢簡釋粹》，頁 191。古代所謂「自書」、「手書」或「手筆」，即親自書寫，都有特別鄭重其事的意義，其例甚多，可參劉歆與揚雄書：「今謹使密人奉手書，願頗與其最目，使得入錄，令聖朝留明明之典。」見錢繹，《方言箋疏》（北京：中華書局，1991），附「揚雄答劉歆書」，頁 519；《三國志‧呂布傳》裴注引《英雄記》曹操為攏絡呂布，親手作書予之；《三國志‧明帝紀》景初三年魏明帝親手寫詔，召司馬宣王。有時又因不欲人知，不假手他人而親筆，參《漢書‧薛宣傳》薛為保全貪猾的櫟陽令，「密以手書相曉，欲君自圖進退」，《後漢書‧樊宏傳》「宏所上便宜及言得失，輒手自書寫，毀削草本。」又自書一詞習見兩漢文獻，不贅舉。居延簡 37.44 有清晰「自書為信」之語，亦可參。

22 張德芳、胡平生，《敦煌懸泉漢簡釋粹》，頁 188 注 5。按「知事」為古代習語，例如《荀子‧大略》：「王道知人，臣道知事。」（又見《說苑‧臣道》）、《管子‧七主七臣》：「令者，令人所以知事也」、《史記‧五帝本紀》：「靜淵以有謀，疏通而知事。」

今塵集：秦漢時代的簡牘、畫像與文化流播
　　──卷一　古代文化的上下及中外流播

忽，請其放心。由此可知元和子方應親近熟識，可能有親人關係。此外，元自己將要屯敦煌，需要鞋子，託子方代購鞋和筆，又受呂子都之託轉請子方刻御史七分印一方，受郭營尉之託請子方購買響鞭，這些內容在在反映了元的人際或社交關係應屬於吏這個圈子。元雖能書寫，甚至要求子方代為買筆，但或正因其職司本不須太高書寫能力，又或因其不擅屬文，才找人代筆。代筆者的書法相當成熟老練，文辭則或受請託者口授影響，不過粗通。

以上這一帛書是目前唯一可以確證請人代筆的帛質私信。另有全由他人代筆，寫在漢尺一尺長木牘上的私信。一位名叫弘的人寫信給李子長，信中弘數度自稱弘，信尾卻清楚記著「鄭子孟記」（《居延漢簡（貳）》157.25AB，圖 4.1-4.3）。記有兩個意思。一則作名詞，可指信；[23] 一則為動詞，指由鄭子孟所記或書寫。牘兩面筆跡和「鄭子孟記」四字全同，書信內容則是弘和子長之間的

圖 4.1-4.3　居延簡 157.25AB 及「鄭子孟記」放大

---

23　私人書信中，信本身常被稱為記，例如敦煌簡 1448：「有往來者，幸賜記」；懸泉簡 II01143610：「來者數賜記」；居延簡 140.4：「幸寄一記來」等等。

事。鄭子孟無疑僅是代筆寫信的人。[24]

　　在傳統中國這樣一個處處需要以文字為憑的社會裡，代文盲、半文盲或讀寫能力不足者書寫、閱讀書信或文件，是非常普遍的現象。前線或邊塞上的一般兵卒如果文盲或讀寫能力不足，是不是就不寫家信，不打官司，不和他人用文字訂約或通信息了呢？不是。他們大可找人代筆。居延和敦煌文書中不乏注明某人「能書」。他們除了能書以處理公文書，也必可以協助「不能書」者處理公私事務。即使在內郡鄉里，情況應該也是如此。很可惜，不論邊塞或內郡目前都還待更多可證明為代筆的簡帛信件出土。

　　秦漢社會中應有不少這樣代人書寫謀生的書手或抄手。傳世文獻中不時有某人因家貧為人「傭書」，即為人抄寫為生。[25]能為人抄寫，當然可代人書寫文件。《漢書・藝文志》提到「閭里書師」，江蘇儀徵胥浦漢墓出土的先令券書簡上曾出現「里師」。我懷疑所謂里師有可能就是閭里中能書之師，一面教人寫字，一面也代人書寫遺令、契券、訟狀、與官府有關的文書或一般書信等等。[26]此

---

24　如由弘自己書寫，則稱「自記」（例如居延簡 502.14B+505.38B+505.43B）或「手記」（例如居延簡 EPT65:458）或前文提到的「自書」。

25　《後漢書・班超傳》，頁 1571；《三國志・闞澤傳》，頁 1249。

26　李解民，〈揚州儀徵胥浦簡書新考〉，《長沙三國吳簡及百年來簡帛發現與研究國際學術研討會論文集》（北京：中華書局，2005），頁 449-457。又漢代規定百姓需要自行申報車船等財產，作為賦稅的依據。這叫「自占」；如要轉移財產或告狀打官司，可「自言」於官府。這些「自占」和「自言」原本可能是口頭的，由地方吏代為寫成文字。新近刊布的里耶秦簡中即有始皇三十二年和三十五年兩例，涉及兩位士伍「自言」要求轉移財產給子女，卻由里典某「占」。照陳偉等之校釋，占有驗證、察看、口述等義，應該也有由里典代為寫成自占書的可能。參湖南省考古研究所編著，《里耶秦簡（壹）》（北京：文物出版社，2012），簡 8-1443＋8-1455、8-1554 正背；陳偉等編，《里耶秦簡牘校釋（第一卷）》（武昌：武漢大

外，以前我曾指出秦漢墓葬中出土的大量各式文書，很多並不是原件，而是為陪葬而另行抄製。[27]這些抄件非為實用，故常有錯漏衍文而不加修正。這些抄手受僱取值，以謀生活，通常不會在抄件上留名。偶然也見到留名，如江陵張家山西漢初墓中出土的二年律令〈盜律〉標題簡上的「鄭妖書」三字，一般相信它是書手的姓名。[28]

我們在評估古代基層社會讀寫能力的普及程度或所謂的「識字率」時，不能不將代筆代讀的現象納入考慮。以下擬舉古代希臘和羅馬的記載和學者的爭論為例，啟發我們去設想古代中國可能的情況。

大家都知道西元前 5、6 世紀希臘的雅典等城邦有陶片流放制（ostracism）。雅典公民可在陶器殘片上寫下不喜歡的執政官的名字，

---

學出版社，2012），頁 326、357。不過，在里耶簡中也見到一位令佐華自言某事，後署「華手」（簡 8-1461），可見也有自言者自己書寫，並不假手他人。

27　2017 年山東青島土山屯出土西漢劉賜墓列舉陪葬品的《堂邑令劉君衣物名》牘將各種衣物和「堂邑戶口簿一」並列，更明確證明這類地方性文書牘是為陪葬複寫或重抄之物而非公文書原件。相關報導參彭峪、衛松濤，〈青島土山屯墓群 147 號墓木牘〉，復旦大學出土文獻與古文字研究中心網站：http://www.gwz.fudan.edu.cn/Web/Show/4199（2018 年 8 月檢索）；青島市文物保護考古研究所，黃島區博物館，〈山東青島土山屯墓群四號封土與墓葬的發掘〉《考古學報》3（2019），頁 405-459。

28　張家山二四七號漢墓竹簡整理小組，《張家山漢墓竹簡〔二四七號墓〕》（釋文修訂本）（北京：文物出版社，2006），頁 20；彭浩、陳偉、工藤元男主編，《二年律令與奏讞書》（上海：上海古籍出版社，2007），頁 111-112。葉山教授曾懷疑這位「鄭妖」的名字有女旁，可能是一位女性的書手，視為古代女性能書的一個證據。參葉山，前引文，頁 382。但男性名字用「如」、「始」、「嬰」等有女字偏旁或部件的例子不少，如藺相如、司馬相如、夏侯始昌、子嬰、竇嬰，似難由字的偏旁或部件論定其人之性別。

圖5 雅典廣場出土的陶片，取材自 Wikipedia Media 公共財圖片。

圖6 投票放逐執政 Themistocles 的陶片上有相同的刻畫字跡，取材自Wikipedia Media 公共財圖片。

某執政官如得六千票，將被放逐於雅典之外十年。[29]這種投票用的破陶片（ostraka）已在雅典的廣場（agora）出土上萬。不少學者因此認為，這一制度之所以存在的前提是雅典的公民有頗高的識字率。但另有學者仔細研究陶片上刻寫的字跡，發現不少名字是由相同的人所刻寫（圖5、6）。例如有學者分析在雅典衛城北山坡水井中出土的一百九十或一百九十一片陶片字跡，發現它們僅出自十四人之手。[30]

29 關於陶片流放制較新的研究可參 Sara Forsdyke, *Exile, Ostracism, and Democracy: the Politics of Expulsion in Ancient Greece* （Princeton and Oxford: Princeton University Press, 2005）。除了雅典，有類似流放制並有類似陶片出土的希臘城邦還有 Argos, Chersonesus, Cyrene, Megara. 參 Sara Forsdyke, op.cit., pp. 285-288.

30 參 O.Broneer, "Excavations on the North Slope of the Acropolis, 1937," *Hesperia*, vii （1938）, pp. 228-243, 轉見 W.V.Harris, *Ancient Literacy*, p. 54 note 43, p.147, fig.1.及 Rosalind Thomas, "Writing, Reading, Public and Private "Literacies," Functional Literacy and Democratic Literacy in Greece," in W.A.Johnson and H.N.Parker eds., *Ancient Literacies: the Culture of Reading in Greece and Rome*, pp.18-19. 唯 W.V.Harris 書說有 191 片，Rosalind Thomas 文說有 190 片。感謝牛津大學許家琳博士代為找到 O. Broneer 的原發掘報告，才知 191 片是指在井中發現的陶片總數，其中刻

　今塵集：秦漢時代的簡牘、畫像與文化流播
　　　　——卷一　古代文化的上下及中外流播

現在根據更多的證據，證明陶片固然有不少是投票者自備自刻，但也有很多是為投票者事先準備好的（ready-made to the voters）。[31] 換言之，雅典公民投票，不一定自己刻或寫陶片，而是有人代勞。西元前482年，雅典歷史上曾有一則著名的佚事，某位鄉下人打算進城投票，想要放逐他不喜歡的執政阿瑞斯泰底斯（Aristides, 530-468BC）。鄉下人進城時在路上遇見了阿瑞斯泰底斯，卻不認得他，反而央求他代為寫下阿瑞斯泰底斯的名字在陶片上。阿瑞斯泰底斯問：「為什麼？」鄉下人說：「不喜歡他被稱之為『公正的人』。」阿瑞斯泰底斯默不作聲，即在陶片上寫下了自己的名字。[32]

這段佚事不論是否屬實，古代雅典存在代筆應無可疑。由這個故事雖不能估計代筆的普遍程度，但據陶片刻字以估計雅典公民讀寫能力普及的程度，就不能不大打折扣。同樣的，在埃及曾出土大量羅馬時代的莎草紙文書（papyri）。有人據以推估埃及可能曾是古

---

寫 Themistocles 名字的有 190 片。見原報告，頁 228。原報告依書跡特徵將陶片分成十四組，由十四人所刻寫，另有十一件因殘片太小，刻字筆劃太少，無法確辨刻字特徵。建立刻寫者筆跡鑑定標準並找出陶片出自同一刻寫者證據的較新研究見Stefan Brenne, *Die Ostraka vom Kerameikos*（Weidbaden: Reichert Verlag, 2018），pp.77-80, 201-203.

31 Rosalind Thomas, op.cit., p.19. 在同文中 R.Thomas 指出，陶片上還出現很多書寫沒把握和拚寫錯漏的情形，證明這些陶片即便是公民自己刻寫，其讀寫能力也不過是寫個名字而已。從西元前 5 到 4 世紀，雅典政治中文書使用量雖然增加，但大部分公民參加的集會或陪審團，會有人大聲宣讀文件，因此一般公民參與政治並不需要太高讀寫的能力。另參 Sara Forsdyke, *Exile, Ostracism, and Democracy*, p.148, note15；羅馬社會也是說聽比讀寫能力重要。參 Thomas Habinek, "Situating Literacy at Rome," in W. A. Johnson and H.N. Parker eds., *Ancient Literacies: the Culture of Reading in Greece and Rome*, pp.114-140.

32 Plutarch, *Life of Aristides*, VII.7-8; W.V.Harris, *Ancient Literacy*, p.104; Sara Forsdyke, *Exile, Ostracism, and Democracy,* pp.148-149.

代地中海世界一個識字率較高的地區。但從莎草文書的內容，學者發現古代埃及社會存在著很多職業性的「書手」（scribes）。從希臘化到羅馬時期的埃及人，不論識不識字，多到書手私人的「寫字間」（grapheia）抄寫或簽訂各式各樣的文書。[33]莎草紙文書的數量也不能如實反映社會中識字或讀寫普及的程度。同樣的情形也見於英國雯都蘭達出土約屬西元一、二世紀間羅馬駐軍的私人書信。這些寫在木牘上的書信，多由發信人口授，由知書的侍者或書吏代筆，發信人自己僅在信尾簽名或加一二問候的話，因此經常有信件本身和簽名筆跡不同的情形。[34]

　　以上這些發生在其他古代社會裡的現象，或許可以啟發我們去思考中國古代的情況。代寫代讀如果普遍存在，利用傳世和出土的

33　Rosalind Thomas, "Review on W.V.Harris, *Ancient Literacy*," *Journal of Roman Studies*, LXXXI, 1991, p.182. "grapheion" 字面意義是 writing 或 writing office, 指西元前 1、2 世紀左右，羅馬治下埃及公證和登記買賣契約文書的地方。相關研究參 Rodney Ast, "Writing and the City in Later Roman Egypt: Towards a Social History of the Ancient "Scribe"," *CHS Research Bulletin* 4, no.1（2015），http://www.chs-fellows.org/2016/03/29/writing-and-the-city-in-later-roman-egypt/（2018.8.13 檢索）。

34　參 A. K. Bowman, J.D.Thomas, *Vindolanda: The Latin Writing-Tablets*, 1983；A. K. Bowman, "The Roman imperial army: letters and literacy on the northern frontier," in A. K. Bowman and G. Woolf eds, *Literacy and Power in the Ancient World*, pp.124-125; 邢義田，〈羅馬帝國的「居延」與「敦煌」——英國雯都蘭達出土的駐軍木牘文書〉，《地不愛寶：漢代的簡牘》（北京：中華書局，2011），頁 258-284，特別是頁 276-277。基督教《新約》有多篇使徒保羅寫給各地教會的書信，信末常特別提到由保羅親筆所書，如《哥林多前書》16:21、《歌羅西書》4:18、《帖撒羅尼迦後書》3:17，但《羅馬書》16 章 22 節明確說他的書信是由一名叫德丟（Tertius）的人代筆，參《新舊約全書》（聖經公會在香港印刷本，無年月）或 *The Holy Bible*（New York and London: Oxford University Press, authorized King James Version, 無年月）。古代阿拉伯世界借貸契約明確有代寫人，參馬堅譯，《古蘭經》（北京：中國社會科學出版社，1996）第 2 章第 282 節，頁 36-37。

　　今塵集：秦漢時代的簡牘、畫像與文化流播
　　——卷一　古代文化的上下及中外流播

文字資料去估計古代的識字率或讀寫能力普及的程度，就不能不格外小心。

　　傳統中國兩千年的社會極度重視文字和基本的讀寫能力，也重視初級教育，法律上甚至規定訂立遺囑、娶婦嫁女、買賣或質借的各種契約必以寫定的券書而不得以口頭為據，[35]但是占人口絕大多數的農民恐怕難有機會接受讀寫文字的教育，也不見得非要學會文字不可。漢文帝時，賈山說：「臣聞山東吏布詔令，民雖老羸癃疾，扶杖而往聽之。」（《漢書・賈山傳》）可見漢代傳布詔令，除要求地方郡縣張掛詔令於鄉、亭、市、里顯見之處，[36]更重要的是由鄉里之吏以口頭向基層不識文字的百姓宣達。《漢書・循吏傳》黃霸條說宣帝時，「上垂意於治，數下恩澤詔書，吏不奉宣。太守〔黃〕霸為選擇良吏，分部宣布詔令，令民咸知上意。」所謂「吏不奉宣」，應該就是東漢崔寔所說地方吏「得詔書，但掛壁」，將詔書往壁上一掛了事，並沒有抄錄成扁，懸掛在鄉亭市里等等顯見之處。黃霸為潁川太守，特別派遣官吏在轄區內分頭宣布詔令，所謂「宣」或「宣布」，是在各處懸掛詔書，似也應包括口頭宣讀，如此民雖老弱，才會「扶杖而往聽之」。[37]

---

35　參邢義田，〈張家山漢簡《二年律令》讀記〉，《地不愛寶》，頁 160；〈再論三辨券〉，《簡帛》，第十四輯（上海：上海古籍出版社，2017），頁 29-35。又西元 10 世紀初敦煌文書契約中如何畫押代筆可參山口正晃著，顧奇莎譯，〈羽 53「吳安君分家契」──圍繞家產繼承的一個事例〉，《中國古代法律文獻研究》，第六輯（北京：社會科學文獻出版社，2012），頁 251-268。

36　參汪桂海，《漢代官文書制度》（桂林：廣西教育出版社，1999），頁 157-158。王利器，《風俗通義校注》（臺北：明文書局，1982）：「光武中興以來，五曹詔書，題鄉亭壁，歲補正，多有闕誤。永建中，兗州刺史過翔，箋撰卷別，改著板上，一勞而久逸。」，頁 494。

37　在秦漢簡牘公文書中除了「以律令從事」，還有極多「聽書從事」的習用語。「聽

口頭宣達本是鄉里之吏的事。自漢初，鄉即有所謂「掌教化」的三老。教化些什麼呢？其一大內容或即在傳達中央及郡縣下交的詔書、法令規章或條教。敦煌馬圈灣出土的漢簡殘文曾提到「‧社日眾人盡坐為卿﹦明讀爰書約束，令卿﹦盡知之」[38]。漢世鄉里普遍有社，於社日行祭，傳世和出土文獻都有記載。[39]馬圈灣簡證實在邊塞社日時，由身分不明的人物（有可能是塞上官長）為坐在一處的眾人讀爰書約束，雖然不確知所謂的爰書約束何指，眾人又是何人（可能是塞上吏卒），但十分明確是用宣讀的方式。在文盲居多的農業聚落裡，口頭傳達和溝通應比文字更為有效和重要。[40]舉例來

---

書」何義？過去少人注意。「聽」有聆、從、受諸義，其本義無疑如《說文》段注所說，指用耳聆聽。頗疑「聽書」如同漢代治之處謂之「聽事」，蓋受命或理政，多賴口頭說服。口頭傳達的重要性值得繼續留意。不過，「聽書從事」一旦成為慣用語，是否仍保有本義，卻不一定。「聽書」也可能僅指「聽憑文書」、「依從文書」，不必然指口傳。「聽書從事」文例見謝桂華等編，《居延漢簡釋文合校》（北京：文物出版社，1987），簡 136.41, 271.20A, 410.4, 459.4, 484.36；甘肅省文物考古研究所等編，《居延新簡》（北京：中華書局，1994），簡 EPT51.236, EPF22.56A, EPF22.247A, EPF22.251, EPF22.255；前引陳偉等編，《里耶秦簡牘校釋（第一卷）》，頁 53（簡 8-69）、70（簡 8-133）、193（簡 8-657）。

38　張德芳，《敦煌馬圈灣漢簡集釋》（蘭州：甘肅文化出版社，2013），簡 217。

39　研究頗多，邊塞也有社，不多述，參勞榦，《居延漢簡：考釋之部》（臺北：中央研究院歷史語言研究所，1960），「社」條，頁 66-67。

40　近年日本學者已開始注意行政中的口頭傳達和溝通，如冨谷至指出漢代邊塞傳達命令，在部以下單位可能以口頭、參冨谷至，《文書行政の漢帝國》（名古屋：名古屋大學出版會，2010），第三編各章；藤田勝久注意到漢代傳達政令如檄書，文書和口頭並重。參氏著，〈漢代檄の傳達方法と機能——文書と口頭傳達〉，《愛媛大學法文學部論集‧人文學科編》，第 32 號（2012），頁 1-37。角谷常子注意到行政的嚴格文字化，但口頭仍占重要部分。參角谷常子，〈文書行政の嚴格さについて〉，《東てジア簡牘と社會——東てジア簡牘學の檢討——シンポジウム報告集》（中國政法大學法律古籍整理研究所、奈良大學簡牘研究會、中國法律史學會古代法律文獻專業委員會，2012），頁 15-29。又口頭傳達和宣講在傳統中國地方上一

　　**今塵集：秦漢時代的簡牘、畫像與文化流播**
　　　　　——卷一　古代文化的上下及中外流播

說，縣鄉等最基層的吏經常需要「聽訟」，地方百姓或吏也經常為公私事務「自言」。所謂「自言」，有些固然以書面，但絕大部分情況應是口頭的，故名「自言」，也才有所謂「聽訟」。百姓口頭向官府申訴或申請，地方吏聽取後，才記錄成「自言書」。[41]一個著名的例子見《漢書‧朱博傳》：博「為刺史，行部，吏民數百人遮道自言，官寺盡滿。從事白請且留此縣，錄見諸自言者，事畢乃發。」刺史巡行州部界中，吏民趁機遮道申訴。這樣數百人在街道和官衙中的自言，較可能是以口說。隨行的從事建議暫時留駐，「錄見諸自言者」。「錄見」是漢世清理冤獄時的常語，如「錄見囚徒」(《漢官解詁》、《後漢書‧方術傳》謝夷吾條)、「錄見誅者子孫」(《三國志‧杜襲傳》)。這裡應是指接見並記錄自言者所說。《周禮‧地官》大司徒條謂：「凡萬民之不服教而有獄訟者，與有地治者（鄭玄注：有地治者，謂鄉州及治都鄙者也。）聽而斷之。」就廣大人口所在的農業聚落本身和治理而言，聽、說應該比書寫更為重要，或者說最少是一樣重要。

---

直都十分重要，例如唐代地方宣讀詔書，就是在地方官吏、百姓和僧道集合的場合，舉行一定的儀式，由衙官二人高聲「讀詔書」。入唐求法的日本和尚圓仁曾於唐文宗開成五年在登州目擊這個場合並寫入他的《入唐求法巡禮行記》卷二（小野勝年著，白化文等譯校注本，北京：花山文藝出版社，1992）頁326-327。宋代除了粉壁和榜諭，還要地方文吏在鄉間以口頭宣講教令，參高柯立，〈宋代的粉壁和榜諭：以州縣官府的政令傳布為中心〉，收入鄧小南編，《政績考察與信息渠道：以宋代為重心》（北京：北京大學出版社，2008），頁425-426。清初山東萊蕪知縣葉方恒曾召集地方紳民宣講康熙諭旨「戒窩逃以免株連」，參顧誠，《南明史》上（北京：光明日報出版社，2011），頁164-165。

41 自言的性質可參籾山明，《中國古代訴訟制度的研究》（京都：京都大學學術出版會，2006），頁202-210；李力中譯，《中國古代訴訟制度研究》（上海：上海古籍出版社，2009），頁180-188。

由此正可了解為什麼縣以下的鄉吏必由本地人出任。一個根本原因是古代各地語音不同，不由本地人擔任，即難以聽、說一方土語，也就難以傳達政令，了解民情和建立有效的統治。這或許也是揚雄為什麼要利用「天下上計孝廉及內郡衛卒」，「問其異語」而成《方言》一書的原因吧。[42]

　　古代農業聚落無疑以不知文字或書寫的文盲居多。文帝時，中郎署長馮唐曾對文帝說：「夫士卒盡家人子，起田中從軍，安知尺籍伍符？」（《史記·馮唐列傳》）漢世軍中簿籍、符、傳等無不使用文字，田家子弟不知尺籍伍符，表明他們看不懂最基本的簿籍和文書，甚至不識字。馮唐祖父為趙將，馮唐不但熟悉趙國的軍事傳統，在與文帝問答中，提及當時雲中太守魏尚因上首功不實而下獄之事，可見他對當世的軍務也頗為熟悉。他概括地說道當時的士卒都來自農村田間，拙於文字，不知何為尺籍伍符，應有其憑據而可信。

　　當然以上僅是漢初文帝時的情況。西漢中期自武帝、王莽廣置地方學校，地方初級教育應曾有某種程度的推廣。例如東漢初，六歲的王充曾在會稽上虞學書於「書館」，書館有小童「百人以上」。[43]上虞為會稽郡屬縣，除了縣有書館，兩漢鄉里一定還有《漢書·藝文志》所說的「閭里書師」。《藝文志》既然在書師之前冠以「閭里」二字而不是「鄉里」或「縣鄉」，似乎表明書師之類人物，在閭里應普遍到相當的程度。唯可供評估其普遍性的材料太少太少。[44]

---

42　錢繹，《方言箋疏》，附「揚雄答劉歆書」，頁 523。

43　黃暉，《論衡校釋》，卷三十，〈自紀篇〉（北京：中華書局，1990），頁 1188。

44　《漢書·食貨志》謂：「里有序，鄉有序。」里庠和鄉序未曾見實證，《敦煌馬圈灣漢簡集釋》簡 481A 有「建明堂，立辟雍，設學校詳序之官，興禮樂以風天下」

除了閭里書師，漢代的軍中教育對提升基層平民讀寫能力的重要性也不容忽視。西漢徵發郡國百姓輪番戍邊或戍守京師，在居延和敦煌已發現不少從各個內郡調戍卒前往邊塞的調發文書，以及「罷卒」服役期滿後，遣歸原籍的記錄：

1. 神爵四年十一月癸未，丞相史李尊送獲（護）神爵六年戍卒河東、南陽、穎川、上黨、東郡、濟陰、魏郡、淮陽國詣敦煌郡、酒泉郡。因迎罷卒送致河東、南陽、穎川、東郡、魏郡、淮陽國，並督死卒傳棻（槥）。為駕一封軺傳。御史大夫望之謂高陵，以次為駕，當舍傳舍，如律令。[45]

（Ⅰ91DXT0309③：237）

2. 陽朔五年三月甲申朔己亥，句陽長立移過所縣邑

　　為國迎四年罷戍卒，當舍傳舍、郵亭，從者[46]

（73EJT7：23）

　　邊簡中屢見「罷卒」、「罷戍卒」，但這兩簡特別重要。第一，因為有明確宣帝和成帝時的紀年，第二，陽朔五年迎回四年罷戍卒，可以證明傳世文獻所載西漢戍卒戍邊一歲而更調的制度。第三，宣帝神爵時將河東、南陽、穎川、上黨、東郡、濟陰、魏郡、

---

云云這樣的王莽詔書殘文，疑僅僅是依經典而有的理想描述，恐甫欲施行或未及施行而莽亡。《三國志‧邴原傳》裴注引《邴原別傳》謂：「原十一而喪父，家貧，早孤，鄰有書舍，原過其旁而泣。師問曰：『童子何悲？』原曰：『孤者易傷，貧者易感。夫書者，必皆具有父兄者，一則羨其不孤，二則羨其得學。心中惻然而為涕泣也。』師亦哀原之言而為之泣曰：『欲書可耳。』答曰：『無錢資。』師曰：『童子苟有志，我徒相教，不求資也。』」邴原為北海朱虛人。可惜我們無法知道邴原所就的書舍是在縣或鄉。可考的鄉學見《南齊書‧顧歡傳》：「鄉中有學舍，歡貧無以受業，於舍壁後倚聽，無遺忘者。」

45 胡平生、張德芳，《敦煌懸泉漢簡釋粹》，頁45。
46 甘肅省簡牘保護研究中心等編，《肩水金關漢簡（壹）》（上海：中西書局，2011）。

淮陽國的戍卒送到敦煌和酒泉去，
又將服役期滿的戍卒分別護送回原
籍，可證這一輪調制度確曾相當普
遍地實施。《漢書・地理志》濟陰郡
有句陽縣。按景帝中六年，分梁為
濟陰國，封孝王子為哀王。哀王
卒，無子，國除，地入於漢為濟陰
郡。宣帝甘露二年以濟陰郡為定陶
國。黃龍元年，定陶王徙楚，國除
為郡。成帝河平四年，復置定陶
國。[47]此簡謂「為國迎四年罷戍卒」
云云，乃迎定陶國之戍卒回鄉無
疑。可惜目前沒有具體資料可以估
算這些戍卒和番上京師的衛卒的人

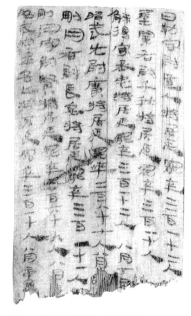

圖 7　肩水金關簡 EJT22:111

數。迄今唯一一枚有具體數字的邊塞罷卒人數簡見肩水金關
73EJT22:111（圖 7）：

　　日勒守尉道人將居延罷卒三百一十二人

　　屋蘭右尉千秋將居延罷卒三百一十人

　　觻得守丞忠將居延罷卒三百一十二人八月丁酉

　　昭武左尉廣將居延罷卒二百八十七人八月

　　刪丹右尉長安將居延罷卒三百一十一人

　　刪丹守尉賢將居延罷卒三百六十九人八月庚

　　昭武守丞安世將居延罷卒三百一十八人八月庚

---

47　參周振鶴，《西漢政區地理》（北京：人民出版社，1987），頁 61。

今塵集：秦漢時代的簡牘、畫像與文化流播
　　　——卷一　古代文化的上下及中外流播

以上由日勒、屋蘭、觻得、昭武和刪丹五縣的丞和尉率領的居延罷卒，如果是同年某時的罷卒，其人數竟共達二千二百餘人。可惜此牘殘失下半，無年分，統計性質一時還難確定。以上這五縣都是張掖郡的屬縣，這些罷卒原本都是來自這五縣，因而由這五縣的丞或尉領回本地。如果是這樣，似乎可以說張掖郡自屬縣徵召到居延服役的卒最少一度有千人以上。邊地人口少，由內郡河東、南陽、穎川、上黨、東郡、濟陰、魏郡等地前來和解除服役的人數只會較多，不會更少。因此估計罷卒的人數每年應約略在數千至上萬之譜。[48]

　　這些成千或上萬每年返回鄉里的戍、衛之卒，其中必有若干曾構成漢代底層社會中具有初階讀寫能力的一群。我曾利用邊塞出土的字書、九九、習字簡和文書範本（式）證明這些原本不知尺籍伍符的田家子，最少有一部分在服役的邊塞上學會了基本的算術、讀和寫，甚至知曉了律令。[49]他們在軍中時間甚短，不過一年，讀寫

---

48　《漢書·蓋寬饒傳》：「及歲盡交代，上臨饗罷衛卒，衛卒**數千人**皆叩頭，自請願復留其更一年，以報寬饒厚德。」數千衛士僅是未央宮的衛士，其餘各宮及諸廟另有衛士，總人數一度可能高達二萬。參廖伯源，〈西漢皇宮宿衛警備雜考〉，《歷史與制度：漢代政治制度試釋》（香港：香港教育圖書公司，1997），頁 7 注 14。戍邊之卒規模似較小，在數千人左右。趙充國曾說：「北邊自敦煌至遼東萬一千五百餘里，乘塞列隧有吏卒數千人。」（《漢書·趙充國傳》）趙充國為漢名將，習知邊事，其言必可信。唯所說數千人僅指乘塞者或者包括屯田的田卒、河渠卒等？不得而知。

49　研究英國雯都蘭達出土羅馬駐軍文書的核心學者保曼（A. K. Bowman）指出羅馬駐軍也有類似的現象，即非羅馬裔的駐軍士兵不是原本即有讀寫能力，而是到軍中後才學會了拉丁文讀寫，參所著 "The Roman imperial army: letters and literacy on the northern frontier," in A.K.Bowman and G. Woolf eds., *Literacy and Power in the Ancient World*, p.119, note 28.

能力必然十分有限。如代人戍邊，多服役幾年，學習機會就增多，[50]回鄉後應有較好的機會成為鄉里之吏。他們有多少人返鄉？返鄉後到底曾從事些什麼？目前都缺乏證據。不過，從漢墓所出告地策、買地券、朱書陶瓶、符籙等民間文書，充滿「移」、「敢言之」、「急急（疾急）如律令」等官文書用語與文書格式推想，民間能讀寫的人應曾接觸、學習官文書並加模仿，而服戍卒、田卒、隧卒或衛卒役正是接觸並學習官文書用語和格式的一個機會。邊塞和內郡的簡牘文書這些年來不斷出土，今後或許會有較明確的資料可以證實或推翻以上的猜想。

## 二 墓室銘題——以河北望都一、二號漢墓壁磚題字及朱書買地券為例

1955 年北京中國古典藝術出版社出版了一部《望都漢墓壁畫》。書中刊布了河北望都所藥村一座東漢晚期壁畫墓的資料。該墓為多室墓，其中室頂券和南北兩壁的磚面上寫有白色字跡（圖8.1-8.3）。字跡情況據該書描述，約略如下：

> 券頂中間全是「中」字，其餘文字可分為三部分：由東往西，計：
> 第二道至第三十八道券間北側由下往上為「孝弟之至通於神明」，
> 南側由下往上為「作事甚快與眾異」，第三十九道至第五十一道券

---

50 居延和敦煌簡中都有不少戍卒庸人自代的記錄。這些代人服役的，服役時間就可能超過一年。這一點謝桂華已曾指出。參謝桂華，〈漢簡和漢代的取庸代戍制度〉，《秦漢簡牘論文集》（蘭州：甘肅人民出版社，1989），頁 77-112。謝文注 38 引《漢書‧蓋寬饒傳》則有京師衛卒主動要求延長任衛卒一年的事。

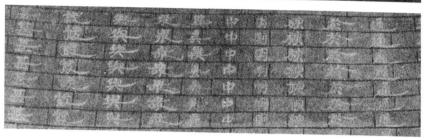

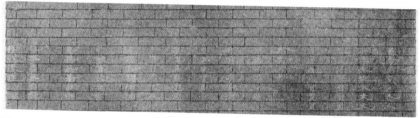

圖 8.1-8.3　望都漢墓磚壁題字，採自《望都漢墓壁畫》。

間北側由下往上為「主人大賢賀□日千」，南側由下往上為「酒肉
日有師不愛手」，第五十二道至第七十七道券間北側由下往上為
「孝弟堂通於神明源」，南側由下往上為「急就奇觚與眾異」。

在中室南北兩壁券門過道的頂券上，南券門由北往南，北券門由南
往北第一道至第四道券的磚面上，也有白灰字跡。東面由下往上為
「一二三四五六七」；西面由下往上為「甲子乙丑丙寅丁卯」。左右
位置相同的磚，寫著同一的字。……可能這些字是起著符號的作
用，和起券的工作方法有著關聯。[51]

---

51　北京歷史博物館、河北省文物管理委員會編，《望都漢墓壁畫》（北京：中國古典
　　藝術出版社，1955），頁9。

這座墓和所謂的望都二號墓相鄰，二號墓略大，但多室結構形式和出土物品頗為相似，壁畫風格相同，有可能是時代相近的家族墓。[52]由於一號墓壁題記中有「當軒漢室」之句，二號墓有靈帝光和二年（182）紀年的買地券，可證兩座墓都應是東漢晚期之墓。[53]

　　這兩座墓發現時間較早，報告都甚為簡略，圖版不夠完整、清晰，十分可惜。[54]此外，可能因為當時出土墓葬尚少，缺乏比對的材料，兩墓報告都完全不談墓主是誰的問題。其實就墓的布局和墓中出土的文字資料，似乎就足以推定兩墓墓主都是地位不低的地方官吏。兩墓壁上都有壁畫，二號墓壁畫殘損嚴重，但尚餘「□督郵」、「史者」、「辟車伍百八人」等殘榜。一號墓壁畫保存遠為良好，其布局由墓門進入前室，由前而後，左右壁面繪滿帶有榜題的人物「門亭長」、「寺門卒」、「仁恕掾」、「賊曹」、「追鼓掾」、「□□掾」、「伍佰」、「辟車伍伯八人」、「門下小史」、「門下史」、「門下賊曹」、「門下游徼」、「門下功曹」、「主記史」、「主簿」，在進入中室的過道兩側則繪有「白事吏」、「侍閣」、「勉□謝史」、「小史」。前室相當於前堂後室的堂，乃治事會客之所，布局頗像是墓主生前的官衙各曹。在諸史之下的壁面上又繪有芝草、鸞鳥、麞子等祥瑞。這是為了彰顯墓主生前的文治之功。不難推知墓主應是一

---

52　河北省文化局文物工作隊，《望都二號漢墓》（北京：文物出版社，1959）；何直剛，〈望都漢墓年代及墓主人考訂〉，《考古》，4（1959），頁197。

53　何直剛先生曾以為一號墓為劉歆墓，屬東漢初。參何直剛，〈望都漢墓年代及墓主人考訂〉，《考古》，4（1959），頁197-198。本文雖在《考古》刊出，但其說不為《考古》的編者所接受，見頁200編者案語。雖非劉歆，但墓主為皇室宗親倒有可能。

54　對報告品質的批評參安志敏，〈評「望都漢墓壁畫」〉，《考古通訊》，2（1957），頁104-107。

位地方官吏。

再者，一號墓前室西耳室的過道南壁下方有朱書四言銘贊，共八句，三十二字：「嗟彼浮陽，人道閑明，秉心塞淵，循禮有常。當軒漢室，天下柱梁。何憶掩忽，早棄元陽。」銘贊東側有「弟子一人」、「弟」、「弟」的殘題，報告推測銘贊可能出自墓主的弟子。[55]題銘的內容和由弟子題銘的方式都和東漢晚期地方官員墓碑上所見的十分類似。憑據這些銘贊應可以肯定墓主為地方官吏。二號墓買地券更提到墓主姓劉，或曾為太原太守。券文謂：「大原大守中山蒲陰助〔縣？〕博成里劉公」云云，又謂為「劉氏之家解除咎殃」。[56]此買地券斷為兩截，略有殘缺。唯券中提及的人物只有這位劉公，其為墓主應無可疑。《漢書‧地理志》和《後漢書‧郡國志》「中山國」條有蒲陰縣。章帝時改曲逆為蒲陰。望都也是後漢時中山國縣名，《後漢書‧五行志》謂順帝陽嘉元年十月中，「望都、蒲陰狼殺童兒九十七人。」望都與蒲陰當為鄰縣。這墓座落於今之望都所藥村，當是曾任太原太守的墓主劉氏返葬故里之所在。

如果以上對墓主身分和時代的推定可以成立，則可以進一步分析一下墓中的文字和文字的書寫者。如果稍微仔細觀察一下兩墓中的壁畫榜題、買地磚券文字和壁上白色成排重複書寫的字跡，就不難發現它們出於不同人的手筆。

姑從一號墓的文字開始。一號墓的文字除了壁畫榜題，最引人注目的就是成排像是出自《急就》等字書的文字。請先注意一下這些字的書寫風格和排列。第一，「孝弟之至通於神明」、「作事甚快

---

55 北京歷史博物館、河北省文物管理委員會編，《望都漢墓壁畫》，頁 13。
56 河北省文化局文物工作隊，《望都二號漢墓》，頁 13。

與眾異」、「主人大賢賀口日千」、「酒肉日有師不愛手」、「孝弟堂通於神明源」、「急就奇觚與眾異」這些字重複書寫，書風一致，無疑出於同一人之手。第二，書法十分流暢老練，書者喜歡將一字的某一橫筆有意向右拉長，表現出書法上的特色。第三，所書內容除「急就奇觚與眾異」一句出自《急就》篇，其餘或七字，或八字一句，也很像出自某種改編過的字書。[57]最明顯的例證就是「作事甚快與眾異」，這無疑改編自「急就奇觚與眾異」。第四，排列上，「作事甚快與眾異」七字自左向右書，同排的「孝弟之至，通於神明」八字卻由右向左書，兩句中間加一「中」字，如此左右對稱各有八字。其餘「酒肉日有，師不愛手」自左而右，「主人大賢，賀口日千」自右向左；「急就奇觚與眾異」自左向右，「孝弟堂通於神明源」自右而左，情況相同。這種排列方式必是刻意為之，有其用意。用意何在呢？

《望都漢墓壁畫》的撰寫者認為「這些字是起著符號的作用，和起券的工作方法有著關聯。」[58]安志敏在評論這本報告時，也同意這種看法。[59]這種看法看起來似乎有道理。因為在河南等地的確可以看見漢代的空心磚墓中有磚上事先編號，再於墓中按編號順序組裝的情形。[60]如果一號墓壁上成組的字確乎起著編號的符號作

---

57 漢代應曾存在各式各樣改編版的字書。前幾年甘肅永昌水泉子漢墓出土七言本《急就篇》即為最佳例證。參張存良，〈水泉子漢簡七言本《蒼頡篇》蠡測〉，《出土文獻研究》，第九輯（北京：中華書局，2010）；胡平生，〈讀水泉子漢簡七言本《蒼頡篇》〉，《胡平生簡牘文物論稿》（上海：中西書局，2012），頁42-51。

58 北京歷史博物館、河北省文物管理委員會編，《望都漢墓壁畫》，頁9。

59 安志敏，〈評「望都漢墓壁畫」〉，《考古通訊》，2，頁106。

60 例如西漢中期洛陽出土的卜千秋墓，墓主室頂部畫像空心磚即第一至最少十七的數字編號。

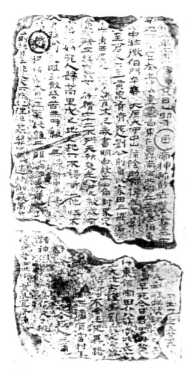

圖 9.1-9.2　買地券全磚及局部
（摹本），採自《望都二號漢墓》。

用，壁上也書有「一二三四五六七」，用簡單的數字（例如洛陽的卜千秋墓），豈不更方便？而且為什麼當符號用的字僅出現在部分磚面上，難道這部分磚居於特別的位置？為何別的磚不必用符號？由於報告簡略，圖版不全，我們現在難以判斷有字磚是否位於墓室特殊的位置。更令人起疑的是，如果是當符號用，按理成組的字應事先寫上，再根據字的順序在墓中纍砌。可是仔細看看一號墓壁面文字的筆劃，可以輕易發現許多字總有一筆向右拉得很長，跨過一塊磚而寫在鄰磚上。這似乎只可能出現在磚壁已砌好，而後在磚面書寫的情況下，而不可能先寫字，再砌磚起券。

　　換言之，符號說難以令人信服。那麼，為什麼會寫這些字呢？迄今沒有它例可供參照，還不易論定。我的猜想是和墓主生前的工作有關。墓主不僅是一位被吹捧為「當軒漢室，天下樑柱」的官員，也是一位擁有弟子，「循禮有常」的儒師。兩漢官吏任官時教授生徒，亦師亦吏，十分普遍。考古報告推測墓中銘贊為弟子所書，有其道

理，私意以為墓中磚上的字也可能是由某一弟子所書。這位墓主不但教授《急就》，甚至可能改編過字書之類，因此弟子將這些字句，尤其是第一句「作事甚快與眾異」書寫在墓中牆上以為紀念。但「主人大賢，賀□日千」、「酒肉日有，師不愛手」等句則比較像是出自弟子的口氣，乃為祝福先師而書。總之，這些字都是墓砌好後，才書寫上去的。書寫筆法流暢老練，似乎不宜簡單地看成是工匠所書。為何同時左或右向書寫？一時沒有好的答案，有待更多類似的材料出土，進一步研究。[61]

老練的書法也見於二號墓的朱書買地券（圖 9.1-9.2）。這件買地券書有三百字以上，書法相當工整規範，即使不是墓主的弟子所寫，也應出自較為專業的書手或專門書寫地券的人，而不是普通造墓的工匠。

一般民間書師、書手或工匠，並不一定經過像「史」或官府書吏一樣的正規書寫訓練和考試，我們不禁容易去假設他們所書寫的比較會有(1)筆劃結構隨意，不規範，(2)文辭不夠通暢，文法不合規矩，不易通讀理解，(3)書法粗拙，和公文書上訓練有素的隸書筆風相去較遠的現象。這個假設不能說錯，因為我們的確在漢代石刻、磚刻、器物上看到不少筆劃字形不規範，文句不暢通的題銘。實際上卻又不盡然。書法和文辭有時並不能絕對反映書手或工匠的讀寫能力。東漢中晚期書法漸成一門藝術，大儒蔡邕是書法名家，不但為太學書寫石經，更為各方禮聘去書碑題銘。東漢碑銘書法之精美

---

61 我懷疑左右向書寫與當時的某些信仰或宗教觀念有關，左右向書寫可能和神道柱或賣地券上的一正一反的書字現象有關，參趙超，《中國古代石刻概論》（北京：中華書局，2019），頁 44、291。

常是名家書丹，也就是直接在石上以朱筆書寫的結果，石工再據以雕刻。[62]因此許多石工雖在碑上留名，並不能真正反映他們本身的讀寫能力。當然也有很多磚石上的題刻或壁畫文字題榜和名家無關，反映了比較多工匠本身的能力。以下僅舉情況不同的兩例。

## 三 地上刻石——以宋伯望刻石、侍廷里父老僤買田約束石券為例

清光緒十九年，在山東莒州城外出土一件四面刻銘的長方石。著錄見於清末方若的《校碑隨筆》，[63]名之為「莒州漢安三年刻石」，民初劉承幹的《希古樓金石萃編》卷七，名之為「漢平莒男子宋伯望買田記」。劉謂石高一尺二寸五分，廣一尺三寸，又說：「光緒中葉在山東莒州城外出土。」[64]方、劉皆曾著錄正背左右側四面石刻文字。方若著錄較早，記述亦較詳。方若謂：

> 隸書，石四面刻，正面九行，行八字至十五字不等，總計百二十二字。背面四行，行十一字，總計四十四字。首行側一大圓圈內二行，約十字。左側六行，行九字至十六字不等，總計八十三字。右

---

62 書丹之法參張政烺，〈釋「胡書之碣」〉，《張政烺文集・文史叢考》（北京：中華書局，2012），頁108；名家書丹始於漢，唯其大盛多在漢世以後，參葉昌熾撰，柯昌泗評，《語石・語石異同評》（北京：中華書局，1994），頁384-388。

63 史語所傅斯年圖書館藏1918年上海朝記書莊印本，香港中文大學中國古籍目錄謂該校有宣統二年（1910）寫本，無緣得見。哈佛大學藏有羅振玉手批之中東石印局印本（1910），此本可經網路下載。承唐俊峰先生協助而後得見，謹誌謝忱。

64 劉承幹，《希古樓金石萃編》（傅斯年圖書館藏吳興劉氏希古樓刊本，1933），卷七，頁3上-4下。

側五行，行六七八字不等，總計三十五字。在山東莒州。漢安三年。[65]

光緒初年即在山東莒州出土，蓋買田刻石記止界也。字多漫漶。予友王孝禹瓘曾取數拓本釋讀，得辨識十之七八。漫漶不明與夫存疑十之二三，其存疑者予仍闕之。未見著錄。[66]

既云「未見著錄」，是他人著錄可能更在其後。王壯弘《增補校碑隨筆》增補云：

光緒十九年山東莒縣西孟莊廟墓出土，曾歸邑人莊余珍。[67]

中央研究院傅斯年圖書館藏有兩份拓本共八張，其中一份有莊余珍收藏印。[68]拓本圖影又可見之於永田英正《漢代石刻集成》（同朋舍，1994）及胡海帆、湯燕編《北京大學圖書館藏歷代金石拓本菁華》（文物出版社，1998）等。永田英正《漢代石刻集成》和劉昭瑞《漢魏石刻文字繫年》俱云此石「所在不明」或「今不詳石之所在」。唯胡海帆編〈秦漢刻石文字要目〉注明今藏山東石刻藝術博物館。[69]

---

65　1918 年上海朝記書莊印本作「漢安二年三月」，誤；1910 中東石印局本作「漢安三年」。

66　方若，《校碑隨筆》（上海：上海朝記書莊，1918），頁 7 下-8 下。

67　方若原著，王壯弘增補，《增補校碑隨筆》（臺北：新文豐出版公司，1986），頁55-57。莊余珍為光緒至民初人（1859-1935），嗜金石收藏。

68　拓本編號 T649.32 3020，排放號 C0018。其中一份拓本四張上有「漢租界碑光／緒壬辰莒州／西界出土今／藏莊余珍家」、「韡華閣昆／弟審定」朱印。韡華閣主為金石大家柯昌濟。

69　永田英正，《漢代石刻集成》圖版．釋文篇（京都：同朋舍，1994），頁 92；劉昭瑞，《漢魏石刻文字繫年》（臺北：新文豐出版公司，2001），頁 39。胡海帆編，〈秦漢刻石文字要目〉，見劉正成主編，《中國書法全集》秦漢編，秦漢刻石卷二（北京：榮寶齋，1993），頁 547。

2010 年 6 月 30 日台大歷史系同學數人和我訪問濟南山東石刻藝術博物館，在該館庫房中我無意中看見此石，證實了胡海帆所說，大喜過望。時值夏天，庫房既悶且熱，燈光不足，拍照效果甚差。後來承蒙該館楊愛國先生協助，重攝照片，效果很好（圖 10.1-4），使我有可能重新校讀銘刻文字（詳下）。無論如何，此石仍相當完好地保存在山東濟南，實為大幸。

　　此石高約 8、90 公分，各面寬窄不均。據楊愛國先生實測，正面高 80，寬 50 公分；左側高 89，寬 35 公分；背面高 94，寬 43公分；右側高 89，寬 30 公分。石面並不十分平整，上端甚至有三處開鑿石材時留下的鑿痕。四面共百餘字就刻在不算平整的石面上。石刻局部殘損漫漶，靠近上端邊緣的第一排字較拓本漫漶，但還不算太嚴重。刻石底端有一段粗糙石面未刻字，這和河南偃師出土的侍廷里父老僤買田約束刻石一樣，底端原應有一部分埋於土中而樹立於地面。

　　由於刻字頗有漫漶，劉承幹著錄即感「字畫潦草，不能盡識」。其錄文可與方若《校碑隨筆》錄出者互校。二人所釋略有多寡異同，不少字二人僅摹其形，王壯弘增補《隨筆》據以隸定，永田錄文從之，偶有改訂。永田較重要的改訂是補出「縣圖」的「圖」字。本文雖參校諸本，改釋若干，仍感難以通讀。以下根據《北京大學圖書館藏歷代金石拓本菁華》、永田英正《漢代石刻集成》所刊拓本、中央研究院傅斯年圖書館藏拓本兩種（A 本有莊余珍收藏印；B 本無收藏印）以及楊愛國所攝照片，參酌方若之友王孝（簡稱方若）、劉承幹（簡稱劉）和永田英正（簡稱永田）的釋文，重新錄文並考訂如下：

9 8 7 6 5 4 3 2 1

圖 10.1　原石正面照片
（楊愛國提供）

圖 10.1-ab　宋伯望刻石正面，史語所（左）及北
大藏拓本（右），下同。

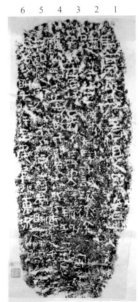

6 5 4 3 2 1

圖 10.2　原石左側面

圖 10.2-ab

今塵集：秦漢時代的簡牘、畫像與文化流播
　　　　——卷一　古代文化的上下及中外流播

圖 10.3　背面　　　　　　圖 10.3-ab

圖 10.4　右側面　　　　　圖 10.4ab

# 正面

1. 漢安三年二月戊辰朔三日庚午平苦男子

   按：此行銘文除「漢安」二字較漫漶，其餘不論原石或各拓本都算清楚，各家釋文相同，可靠。漢安三年（144）二月戊辰朔，與陳垣《廿史朔閏表》合。立碑時間當在此後不久。

2. 宋伯望宋何宋□惠□□在□山東禺亭西□界□

   按：原石第一個「宋」字已較剝損漫漶，但各拓本尚可辨。第三個「宋」字，方若未釋，劉釋出，永田從劉。原石和各拓本清晰，應無可疑。「惠」字各家未釋，其下半「心」原石及拓本形似「火」，疑為「惠」字。方若、劉和永田所釋「在」字，據原石及拓本，僅在似之間。「西」下一字的左下部分不明，疑或為「界」，各家未釋。

3. 有田在縣界中□元年十月□中□□作□盧望田中

   按：永田本、B本「有田在縣界中」、「十月」、「盧望田中」諸字可辨。「元年」依稀可辨，方若、劉、永田釋「中作」二字，原石及拓本僅勉強可辨。作盧望田中是指在望的田地中作盧舍。

4. □近□田□望□恐有當王道□河□□曲□古有分堵

   按：「近田望恐有當王道」八字方若、劉和永田釋文同，唯「近」字原石筆劃已不如拓本所見完整，「望」字在疑似之間。「□□」劉描字形，前一字作無水旁之「流」，後一字類「酉」；方若、永田釋作「□酉」。「酉」字字形近似，又不甚類，上下文義亦難通讀，存疑。趙超以為或係「河曲」二字。「古有分堵」四字清晰，永田從劉改釋「堵」為「境」，誤。此字各本可辨，與原石右側面的「堵」字筆劃書法全同，茲從方若作「堵」。堵當作土字解，亦土之封疆。《漢書・地理志》齊地：「古有分土，無分民。」師古曰：「有分土者，謂之封疆也。」

5. □無□分民望等不知縣圖□□有行

按：此行頂端三字方若、劉和永田俱作「無分民」。「無」字原石已較漫漶，「分」字清晰，「民」字原石比各拓本清晰。「圖」字原石及拓本清晰可識，方若和劉未釋「圖」字，永田補出，甚確。唯北京大學圖書館藏拓本有硬傷，缺「圖」字。「圖」下一字，各家未釋，再下一字，方若和劉描摹其形，王壯弘隸定為「家」，永田作「更」。比對原石和各拓本，「有行」二字清晰無誤。

6. 事永和二年四月中東安塞宜為

按：原石及各拓本此行字皆清晰可辨，方若、劉及永田釋文相同，可信。永和二年為西元 137 年。「有行事」疑指有故事，疑即下文提到永和二年時事。

7. 即丘民相⸗弟明所□發所在望業

按：「即」字，方若、永田釋作「節」。西漢東海郡有即丘縣，東漢屬琅邪國，在今莒縣西南。「節」字「竹」頭在原石和拓本上僅見一小撇，可能只是石面不平而造成的痕跡，不是筆劃。「民」字方若釋作「氏」，永田改作「民」。按此石正面及右側皆有「民」字，上部筆劃與此稍異，原石及拓本皆明晰，釋「氏」較近似。唯如此文意難通，遂從永田。「相」字，方若原釋作「租」。原石及拓本「禾」旁上端一撇實不明，以作「相」字為佳。下有重文號，「弟明所」可辨，再下三字，方若和劉摹字形，王壯弘隸定為「所殺發」，永田從之。唯「殺」字筆劃與一般漢碑殺字有出入，原石及拓本又都不明，暫闕。「所在望」三字尚可辨，從方若、永田所釋。如果從永田釋讀，以上兩句可句讀為「永和二年四月中，東安塞宜（宜，人名）為即丘民相（相，人名）、相弟明（明，人名）所□」云云，文意較通暢。唯以下「發所在」諸語仍不好解。劉錄文缺此行前四字，不知何故。「業」字，方若等俱釋作「等」，趙超以為或係「業」，望業指望的田地產業，茲從之。

8. 所立石書南下水陽死千佰上道

按：「所」字暫從方若、劉和永田釋。原石筆劃殘損已較拓本嚴重；即使依

拓本，字形也頗可疑。「立石書南下水陽死千佰」十字清晰。劉和方若作「千伯上」，永田釋「千」為「于」，「佰」為「伯」，亦為一解。唯「佰」字右旁「百」上一橫筆，原石及拓本皆清楚，釋「佰」較佳。「上」字原石已難辨，依拓本「上」以下應還有一或二字，唯不可識。「千佰」應讀為「阡陌」。「死」通「屍」（參高亨，《古字通假會典》，1989，頁 574）。上後一字類「道」，此從趙超釋。此處為何提到死或屍？疑或因作盧整地，在阡陌下發現有屍。漢魏買地券常提到買地時，如地下有屍，應如何處置。

9. 東⸗安 游 徽王紀與莒

按：「東安」劉和方若作「木安」，永田作「本安」。此行原石第一字殘損較嚴重，不如拓本。依拓本看，第一字上半漫漶已甚，下半頗像「東」字的下半部，整體字形疑近「東」字。趙超以為東字下有一偏右小口字，應是重文符。連上可讀為「道東。東安游徽王紀與莒」。茲從之。「游徽」二字，方若作「□徽」，永田拓本此二字較史語所 A、B 本稍好，茲從永田釋。「王紀與莒」，劉和方若作「玉紀與莒」，永田作「王紀與莒」。原石筆劃清晰，「玉」字那一點，在原石上極淺，不像筆劃，以釋「王紀與莒」較妥。原石「與」字殘缺較甚，不如拓本。

# 左側面

1. 禺亭長孫著是□ 著 山□

按：原石「禺亭長」三字清晰，各家釋文無誤。「孫」字較拓本清晰，「著是」二字，亦無問題。「著是」二字以下原石字跡漫漶，各家亦未釋。「是」下一字不明，但據本所 A 拓本，再下一字字形和其前的「著」字近似，其下又或有一「山」字，唯不夠明確。姑錄，俟考。

2. 歸□莒 賊 曹 捸□仲誠游徽徐□審

按：原石已頗漫漶，除「歸」、「莒」，方若、劉和永田所釋「賊曹」，已難

確辨。「捺」字原石較拓本清楚。「仲誠游徼徐□審」諸字可據本所 A 拓本確認，原石部分不如拓本。劉釋「徼」為「繳」，誤；方若、王壯弘和永田釋「徼」。

3. □賊曹捺吳□長史 蔡 朔望等 告

按：此行第一字有可能是「字」字，但與前行無法連讀通釋，從闕。原石「賊曹捺吳」四字清晰無誤，下一字方若、劉釋作「分」，原石及拓本不明。原石「長史」二字清晰，其下漫漶，不如拓本。本所 A 拓本「朔望等」三字可辨，但「蔡」字僅草頭可辨，草頭以下部分難辨。下一字方若和劉釋作「古」，趙超疑應作「告」，從之。原石已不易辨。

4. □ 發 石 上有故千 縣 界 有北行車道千 封

按：方若和劉釋第一字為「福」，然此字右半部「田」下還有像「心」的筆劃，「示」旁也像是「糸」，如此「福」或有可能是「總」字。疑不敢定。其下二字，趙超疑作「發石」。「上有故千」四字，原石和本所 A 拓本尚可辨。「縣界」二字僅局部可辨，劉和方若作「紀冢」，疑誤。「有北行車道千」六字原石和拓本基本可辨。方若和劉釋最後一字為「封」，惜原石已完全漫漶，拓本亦僅字之上半可見。

5. 上下相屬南北以千為界下有受 明 □□□

按：此行釋文方若、劉全同作「上下相屬南北八千石界□受望□□□」。「上下相屬南北」六字原石比拓本清晰，可靠。「八」字從原石看應作「以」，其下「千」、「界」字清楚，其間「石」字實應作「為」。整句應作「上下相屬，南北以千為界」。「□」據原石似應作「下有」。「受」字大致可辨。其下「望」字，最下一橫筆，與其上筆劃相隔甚遠，宜視為下一字的一筆。「亡」的部件原石作「目」，甚明。因此，似宜釋成「明」字。此行「明」字的寫法和下行的「明」字全同。「明」字以下漫漶，約三字左右，難辨。

6. 主 名分明千北行至侯阜北東流水□

按：方若和劉釋作「立名分明千北行至侯□北東流水」。□摹形。細查原石，「立」字疑作「主」。「名分明千北行至侯」七字原石及拓本可辨。「侯」下一字左側缺損，趙超疑原應作「阜」字。「北東流」三字原石及拓本可辨，「水」字原石已不清楚，但本所 A 拓本尚可辨。「水」下還有筆劃，應有一字。

## 背面

1. □ 賦 毋 □□

2. □ 發 □□□

3. ☑

   按：不知何故，此處有一刻出的大圓圈。大圓圈中有字三行。第一行四字，第二字或為「賦」，第三字為「毋」；第二行五字，第二字或為「發」；第三行字數不明，或有一「之」字。

4. 別案南以千為界千以東屬

   按：方若、劉和永田釋作「別□南以千為界千以東屬」。這一行字原石和拓本大致都清晰。「案」字原石也十分清晰，可以確認。

5. 莒道西 道 水□流□東安 明

   按：方若、劉和永田釋作「莒道西□水□流屬東安□」。原石「莒道西」、「水」、「流」、「東安」字跡清晰，「西」、「水」二字間，有筆劃寫法頗似前一「道」字，姑釋為「道」。「屬」字在原石上已難辨識，從闕。東安下一字石面稍損，殘餘部分似為「明」字。

6. □ 宜 以來界上平安 後 有畕

   按：方若、劉和永田釋作「殺宜以來界上平安後有畕」。「殺」字，方、劉摹形，王壯弘隸定為殺，永田從之。「宜」字也有可能是「置」字，難辨。「殺」字原石僅右旁可辨，今難以確認為何字。「以來界上平安」、「有畕」本所 A

拓本清晰可辨，原石「界上平安後」五字已漫漶難識。「畾」，趙超讀作「疆」，可從。

7. 界以 立 石 □□□ 行 事

按：方若、劉和永田釋成「界以立石□□□□□事」。「界以」二字，原石和拓本都清楚，唯「立石」二字原石頗有殘損，殘餘筆劃似為「立石」，難以確認。「石」字以下原石漫漶嚴重，「事」字仍依稀可見，其間應容不下六字，約有四字左右。事前一字，原石不可辨，趙超據北大藏拓本，以為可能是「行」字。

8. ☑

按：方若、王壯弘未釋，劉摹形二字，永田釋作「此冂」。原石和拓本皆無以辨識。

## 右側面

1. 壬癸 □□□□

按：原石石面右側已較拓本缺損更多。本所 A、B 兩拓本皆有莊余珍收藏朱印，唯其中一張無柯昌濟收藏印者，紙右側有破損硬傷。有兩印之 A 拓本甚好，「壬癸」二字可辨。第三字較漫漶，第四字似「欣」，第五字似「首」或「國」，難確認，皆從闕。其下還有一字殘劃，難辨。

2. □□ 在丙 丁 界上 □□

按：方若、劉和永田皆釋作「在丙子界上」。唯查原石及拓本，「子」以作「丁」為佳。「在」字以上應還有二字，不可識。「界上」以下原石漫漶，約失二字。

3. □ 界 民無所 □ 租 以 □

按：方若、王壯弘釋作「立家民無所建租」、劉釋成「立家民無所建祖」，永田釋成「立家民無所建租」。原石和本所 A 拓本可見第一字左旁為三點水，

疑為「漢」字，惜難定，絕不會是「立」字。第二字疑為「界」或「家」，暫釋為「界」，因和石上其他「界」字書法相近。「民無所」三字原石和拓本皆可辨。「建」字漫漶較嚴重，拓本亦不清，從闕。「租」字和末行「租」寫法一致，釋「租」為佳。其下有一「以」字，左旁寫作「口」，清楚可辨，右邊「人」較不清。姑釋，俟考。

4. 道堵界所屬給發

按：方若、劉和永田釋文同此。原石和拓本可辨。

5. 出更賦租銖不遺

按：方若、劉和永田釋文同此。原石和拓本可辨。


經以上疏理，刻銘內容仍難完全通讀。目前只能據可辨識的文字，大致上說於順帝漢安三年（144）二月，可能因平莒男子宋伯望等弄不清縣地界圖中的界線劃分，當他在禺亭西界的田中作廬舍時，深恐疆界不明，侵占官道或其他土地，要求釐清界線。於是地方上的亭長、賊曹掾、游徼、長史等縣鄉之吏本「古有分土，無分民」之義，釐清位在東西的莒縣和安東縣以南北向的阡道為界。遂立界石，保障租賦無所逃脫。刻銘涉及田界，明確提到亭長、長史、游徼、賊曹掾等縣、鄉、亭之吏，又引經據典，可以推知銘刻的文辭和內容必非由工匠或當事人如宋伯望之流所能決定，很可能即由地方吏主導立石並決定文字內容。此石石材打製、刻字書法和行款都不講究，和張景造土牛碑那樣打磨平整、書法秀美的石券大不相同，而與侍廷里父老僤買田約束石券較為相似（圖11），其書丹、刻作較可能即由一般石工包辦。如果以上推測尚屬可信，我們就不宜用這樣的石券去評估鄉里百姓如宋伯望、宋何等男子的讀寫能力。作坊的石工能書丹，不寫錯，當然要有一定程度的識讀能

圖 11　侍廷里父老僤買田約束
石券

力，但能力似也不必太高，能分辨筆劃，依樣葫蘆，上石開刻即可。這或許就是西方古典研究者將工匠的題寫或刻銘特別另立一類，並名其能力為「工匠讀寫能力」的原因。

相對而言，偃師出土的侍廷里父老僤買田約束石券反而比較可以反映鄉里中人的讀寫能力。1973 年在河南偃師偶然發現一方刻寫十分粗糙，高 154 公分，寬 80 公分，厚 12 公分，略呈長方形的石券，正面陰刻隸書十二行，二一三字。字排列不甚整齊，一行最多二十七字，最少的十四字。整篇文字略可通讀，但文辭僅算粗通，書法也像很多漢代石刻題記，說不上優美。我曾經討論過這方有建初二年 (77) 記年石券的內容，這裡不再重複。[70]這方石券不涉僤父老以外的鄉吏或縣吏，父老僤本身又有職掌文書的「主疏」（按：即主書，主文書也），還有以「祭尊」為名銜的僤中領袖，不論石券的內容或寫作必由他們主導，因而這件石券反而是東漢中期，里父老這一層人物識字和讀寫能力較可信的物證。最後刻製當然還是當地石工的事。石券曾有錯，挖去二字，再改刻。舊作已及，就不多說了。

---

70　參邢義田，〈漢代的父老、僤與聚族里居──漢侍廷里父老僤買田約束石券讀記〉、〈漢侍廷里父老僤買田約束石券再議〉，《天下一家》（北京：中華書局，2011），頁 436-466、467-488。

# 四 暫時的小結

　　文字是古代世界建立和維繫統治體系和權威的重要工具。古代中國自可考的甲骨文字出現以來，掌握文字可以說是進入統治體系的一個基本條件。古代的「吏」和「史」本為一字，秦漢時期凡為吏者必先學習「史書」，以具備基本文字讀寫甚至起草文書的能力。本文所關注的不是「自丞相至佐史」這些官吏，而是在他們之下，底層平民的讀寫能力。他們是人口的主體，也是吏的一個來源。為了日常生活，平民也學習使用文字，並非都是文盲。我們應如何根據出土和傳世的材料去認識他們的讀寫能力和普及的程度？是一個十分困難，還待解開的謎。

　　本文僅僅開了一個頭，據三件私人簡帛書信和三件墓中和地上的石刻和書寫材料，試圖就書寫材料本身的差異（例如簡和帛書）、材料所涉的內容，指出這些材料所能反映的讀寫能力，應比過去想像的要複雜很多。目前還無法回答前述的問題或提出任何結論。暫時的小結是希望指出過去大家似乎疏忽了代書代讀現象的存在，又常將私人書信簡單地看成是當事者自身讀寫能力的直接證據；大家也比較少注意簡和帛質材料價格的差異，以及使用簡或帛書者和經濟能力之間的關係。大家有時也不免僅僅直覺地將地上或墓中的石刻銘文和書寫的題榜，簡單看成是工匠讀寫能力的證據。

　　稍作分析之後，發現決定和寫作石刻文字的有些很可能是地方之吏（如宋伯望刻石），有些應是里父老一層的地方領袖（如父老僤買田約束石券），石工或匠人不過上石照刻而已。這些工匠或許僅具最基本的文字能力，不必懂得內容，也不必有太高的讀寫能力。當然

另有像望都漢墓牆上的文字題寫，除了可能出於工匠，也不能排除是出自墓主弟子之手。此外另有一些不論內容和題刻都較可能出自工匠之手（例如河南洛陽出土的《急就》磚、[71]山東蒼山元嘉元年畫像題記……），這類材料所反映的工匠讀寫能力就和前述的不能等同視之。

　　總之，為了進一步理解秦漢時代平民的讀寫能力，我們有必要先具體分析不同類別和形式的文字遺存是在什麼樣的脈絡或條件下產生，書寫者可能的身分，是親筆或代書，是既「作文」又「書寫」，或僅僅照稿抄或刻而已，才可能進一步評估他們的讀寫能力或程度。再者，不同行業的平民，如農、工、商等等所需或所具有的讀寫能力也可以很不一樣，值得就職業分類，另作分析。這樣的分類研究已見於西方古典研究之作，值得借鑑。

101.1.6/5.15

## 後記

　　宋伯望刻石釋讀稿曾請好友趙超匡正，唯一切錯誤，全由作者自負。

105.6.6 再訂

---

71　參葉昌熾撰，柯昌泗評，《語石・語石異同評》，卷三，頁 195；《急就》磚拓影參胡海帆、湯燕編，《北京大學圖書館藏歷代金石拓本菁華》（北京：文物出版社，1998）。

## 附錄 帛信材料價格

敦煌懸泉發現元致子方帛書保存基本完整，寬 10.7 公分，長 23.2 公分，剛好為尺牘的長度。這不禁使我想到也許這正是漢代以帛為書信的一個標準尺寸。姑不論是否標準，這封相當完整的帛書，給了我們一個機會去估算一下，要寫這樣一封信，花錢買帛，得花多少錢？

因為漢簡中有不少布帛一匹的價格資料，文獻及漢簡中也有一匹長寬的標準，如此即可換算出 10.7 公分×23.2 公分這樣大小的帛約值多少錢？《漢書‧食貨志》謂：「布帛廣二尺二寸為幅，長四丈為匹。」江陵張家山漢墓出土漢初《二年律令》謂：「販賣繒布幅不盈二尺二寸者，沒入之。」（簡 258，口市律）又《算數書》簡 61：「繒幅廣廿二寸，袤十寸，賈（價）廿三錢。」敦煌簡 1970A：「任城國亢父縑一匹幅廣二尺二寸，長四丈，重廿五兩，直錢六百一十八。」可見漢代規定一匹布帛以寬二尺二寸，長四丈為準。漢時一匹帛相當於 50.6 公分×920 公分＝46,552 平方公分。這樣標準的一匹帛約可裁成 10.7 公分×23.2 公分＝248.24 平分公分大小的帛書 187 或 188 塊。如果照《算數書》漢初繒一匹 920 錢計，一塊 248 平方公分左右的繒書約值 4.9 錢；東漢章帝時建任城國，照敦煌簡 1970A，繒一匹值 618 錢計，同樣大小繒書約值 3.3 錢。西漢中晚期至東漢初，敦煌和居延邊塞的帛價起伏頗大，低者一匹約 325 至 477 錢（509.15、EPT59.345），昭帝元鳳時期約值 360 錢（303.5），王莽時月祿帛一匹值約 802 錢（210.27），王莽末東漢初竇融領河西時期，帛價高達 12,000 錢（EPF22.325A）。姑不計竇融非

常時期的物價，一匹約在三百餘至八百餘錢之間：[72]

1. 今餘帛一匹直四百七十七　　　　　　　　　　　（EPT59.345）

2. ……麥熟石千二百，帛〔按：省或漏「匹」或「一匹」〕萬二千，牛有賈，馬如故……　　　　　　　　　　　　　　　　（EPF22.325A）

3. 右庶士士吏侯長十三人　祿用帛十八匹二尺一寸半　直萬三千三百三十三　　　　　　　　　　　　　　　　　　　　　　　（210.27）

4. 出河內廿兩帛八匹一丈三尺四寸大半寸直二千九百七十八　給佐史一人元鳳三年正月盡九月積八月少半日奉　　　　　　　（303.5）

5. 帛千九十四二尺五寸大半寸直錢卅五萬四千二百　　（509.15）

6. 正月奉帛二匹直九百　　　　　　　　　　　　　　（89.12）

7. 任城國亢父縑一匹幅廣二尺二寸長四丈重廿五兩直錢六百一十八（敦1970A）

8. 麥五斗直卅五　　　　　　　　　　　　　　　　（73EJT2：27A）

9. 九人酒二石百六十肉十斤廿五凡入直百八十五囗凡囗

　　　　　　　　　　　　　　　　　　　　　　（73EJT5：95A）

10. 夏侯初卿取麥一石直錢百　　　　　　　　　　（73EJT10：66）

11. 史少君取麥一石五斗直錢百五六十　　　　　　（73EJT10：111）

12. 出錢四千四百卅買帛十二匹⌐三百囗　　　（190DXT0112：115）

13. ⋯今有帛一匹賈直五百卅半之二丈直二囗　（190DXT0114：228）

　　如果以一匹最低價 325 錢計，一方帛書用帛須 1.7 錢；以最高價 800 錢計，用帛須 4.2 錢，平均約 2、3 錢左右。而當時牛羊肉一斤最低價約 2.5 錢，建武時高達 300 錢（建武三年寇恩爰書）。《九

---

72　參林甘泉主編，《中國經濟通史・秦漢經濟卷（下）》（北京：經濟日報出版社，1999），頁575。

章算術》菽一斗 3 錢,麥一斗 4 錢,黍一斗是 6 錢。[73]漢武帝時,粟米價每斗約 3 至 8 錢,元帝時增至 10 錢上下;王莽時糧價大漲,從米石二千至數千;綠林和赤眉起兵到光武初,米石萬錢,粟斛錢數萬。[74]新刊布的居延肩水金關殘簡有麥一斗 10 錢,酒一斗 8 錢,肉一斤 2.5 錢的記錄,可惜時代皆不明。懸泉帛書的出土報告還待刊布,時代也難定,因此無法較準確地知道這件帛書書寫時的帛價以及和同時代其他物價的關係,十分遺憾。《懸泉漢簡》(壹)有兩簡(前表 12、13)提及帛價一匹 370 和 530 錢,價錢落在前述最低和最高價之間,不影響前述所估帛書之價。

　　大致而言,用帛寫信,需要花約一斤牛羊肉,一斗菽或半斗黍的代價。如果在王莽末或東漢初,代價可能翻升數十至百倍,相當高昂。長沙尚德街東漢牘 101 正面提到縑五尺值一百七十五錢,一尺達 35 錢。而王莽時,隧長每月能領到的祿帛,不到帛一匹,僅三丈三尺。相較於木牘,用帛或縑素寫信,在這樣的年代無疑是奢侈之事。

101.1.6/109.3.9

---

73　林甘泉主編,《中國經濟通史・秦漢經濟卷(下)》,頁 574、577。

74　林甘泉主編,《中國經濟通史・秦漢經濟卷(下)》,頁 570-571。

# 漢代邊塞隧長的文書能力與教育
## 對中國古代基層社會讀寫能力的反思

## ■一 問題緣起

　　自從永田英正判斷漢代邊塞文書作業最重要，也是最末端的單位是相當於縣的候官以來，引起很多學者繼續討論和研究。例如吳昌廉曾據居延簡裡候長擔當的各種職務以及簿籍如省卒名籍、日迹簿、戍卒貰賣衣財物爰書或名籍等等，指出「均是候長具名、候史簽封，且無隧長具名者，可見『部』已成為所有簿籍製發之最基層單位。」[1]冨谷至隨後也試圖證明文書行政的最末端應是比候官更下一級的部。冨谷至指出：

> 就結論而言，在都尉府、候官、部、隧這一漢代邊地官署系統中，
> 文書送達的末端機關是部，提出上行文書的末端機關也是部。永田
> 英正曾經指出，各部撰製有關所轄各隧的日常簿籍，事實上，不僅
> 限於簿籍，全部的文書都由部來完成。[2]

---

1　吳昌廉，〈漢代邊塞「部」之組織〉，《簡牘學報》，第 11 期（臺北：簡牘學會編輯部，1985），頁 169。

2　參冨谷至，《文書行政の漢帝國》（名古屋：名古屋大學出版會，2010），頁 117：「簿籍のみならず，すべての文書にかんしても部がそぅであったこと」；劉恒武、孔李波中譯本，《文書行政的漢帝國》（南京：江蘇人民出版社，2013），頁 101。

接著又舉出諸如日迹簿等定期文書和病書、檄書等不定期文書以證明文書多由部這一級處理，並作出這樣的結論：

> 由此可見，定期撰寫的關於各隧的勤務記錄、傳經各隧的文書記錄、以及有關文書傳遞異常的調查報告，還有特別文書——檄書的授受與處理，所有這些都是在部內進行。**至少目前還沒發現簡牘資料能夠證明：文書被送達部下各隧，再由隧長進行閱讀和記錄，隨後再撰寫報告文書。**……我們可以斷言，文書最終下發至部一級官署，而且上交報告的最末端機關也是部。換個角度來看，原本是由若干個隧集合而成的部，其存在的理由正在於個別的隧還沒具備完全的識字能力和文書理解力吧。[3]

永田英正、吳昌廉和冨谷至會得出這樣的結論，一個很重要的原因是絕大部分的公文書簡，包括隧一級的各種簿籍和文書，幾乎都集中出土自諸如甲渠、肩水候官和所謂部的遺址，可以確認是出自非「部治所」（部治所常設在隧）之隧遺址的甚少。再者，一隧只有三、四人。這三、四人自然不可能都識字或能理解文書，在記錄隧長資歷或功勞的簡上有些明確注明他們「不史」。因此永田不免認為隧作為文書收發、處理的末端單位，是「無法想像」或「不可思議」的。[4]

這些年因為關注中國古代基層社會的讀寫能力和基層日常行

---

3　冨谷至，《文書行政の漢帝國》，頁 120-121：「識字力、文書の理解が個別の燧では徹底しないからだといってよかろう」；劉恒武、孔李波中譯本，《文書行政的漢帝國》，頁 103。

4　永田英正，《居延漢簡の研究》（京都：同朋舍，1989），頁 370：「到底考えられない」；張學鋒中譯本，《居延漢簡研究》（桂林：廣西師範大學出版社，2007），頁 293。

　今塵集：秦漢時代的簡牘、畫像與文化流播
　　——卷一　古代文化的上下及中外流播

政，[5]不得不注意在邊塞的部、隧，或在內郡縣以下的鄉、里，文書到底是如何製作、流傳和存在的。基本上我很同意，漢代以農民為主體的一般百姓不太可能有太高的讀寫能力。漢朝人眼裡「起田中從軍，安知尺籍伍符」[6]的農民被徵調到邊塞服役，的確沒有足夠的能力懂得軍中的簿籍和文書。但據此，認為漢代邊塞的簿籍和文書的下達和上報都在較高層的部和候官完成，各隧人員如隧長之類不須閱讀、記錄或書寫報告，是否妥當？則還可推敲。

基於這樣的考慮，1999 至 2002 年內蒙古考古隊在額濟納烽隧遺址發掘出土的漢簡五百餘枚就特別值得重視。這五百枚簡比較集中出土於編號 ES7（218 枚）、ES9（103 枚）、ES16（68 枚）、ES17（71枚）四處遺址（表 1）：

5　邢義田，〈秦漢基層員吏的精神素養與教育——從居延簡 506.7（《吏》篇） 說起〉，《古文字與古代史》，第三輯（臺北：中央研究院歷史語言研究所，2012），頁 399-433；〈秦漢平民的讀寫能力〉，《第四屆國際漢學會議論文集——古代庶民社會》（臺北：中央研究院歷史語言研究所，2013），頁 241-288。

6　《史記‧馮唐傳》（本文引二十五史概據北京中華書局點校本，不另注明）。

表 1　ES7、ES9、ES16、ES17 及其他遺址出土遺簡及遺物表（據《額簡》統計另增列遺址大小相似的甲渠候官第四隧（P1）、吞遠隧（F84）、T13、T14、A1、S49b、S73 資料，以供參照）

| 遺址 | 遺址大小 | 推定之隧或部 | 文物、典籍 | 出土簡數 |
|---|---|---|---|---|
| ES7 | 25.96×23.39m GE[7] | 第七隧（第七部治所？） | 蒼頡篇 | 218 |
| ES9 | 不明 | 第九隧 | 草繩術數簡 | 103 |
| ES11 | 不明 | 第十一隧 | | 1 |
| ES12 | 不明 | 第十二隧 | | 6 |
| ES14 | 19.63×18.82m GE | 第十四隧 | 醫方 | 17 |
| ES16（T9） | 18.26×16.09m GE 11×14m（烽隧） 3×4.5m（烽台）（魏） | 第十六隧 | 筆桿 | 68 |
| ES17 | 不明 | 第十七隧（第十七部治所？）[8] | | 71 |
| ES18 | 不明 | 第十八隧 | 晏子春秋簡 | 13 |
| ESCS（察干川吉） | 12.5×12.5m（魏） | | 田章簡 | 18 |
| | | | | 515（合計） |

---

7　GE 指利用谷歌地球（Google Earth）測量遺址南北和東西長寬所得數據。數據僅為約數，敬請注意。未注明者據 Bo Sommarström, *Archaeological researches in the Edsen-Gol region Inner Mongolia*（Statens Etnografiska Museum, 1957）或魏堅《額濟納漢簡》（簡稱為魏）。

8　據謝桂華，〈初讀額濟納漢簡〉，《額濟納漢簡》，頁 34、47。

| | | | | |
|---|---|---|---|---|
| 甲渠塞第四隧（P1） | 19.63×22.92m GE | 第四隧（第四部治所） | | 1（1930-31）195（1973-4） |
| F84（S84） | 23×22 23.35×21m GE | 吞遠隧（吞遠部治所？） | | 斯坦因和貝格曼發掘皆無所獲[9] |
| T13 | 23.69×23m GE | | | 0 |
| T14 | 烽台 21×23m 塢壁 60×100m 25.34×22.86m GE | | | 8 |
| A1 | 31×32m 28.38×29.25m GE | 殄北塞（部？） | | 63 |
| S49b | 31.69×28.74m GE | | | 0 |
| S73 | 19.86×23.47mGE | | | 0 |

　　上述這些 ES 編號遺址的規模大小稍有出入，有些沒有明確數據，但應都不大。大者二十餘公尺見方，小者十餘公尺見方。稍大者如 ES7 規模約略相當於甲渠第四隧和第四部遺址（P1），或為設部之隧，其餘小的只可能是一般烽隧。不論大小，它們都不可能是候官遺址。因此基本上將它們視為烽隧遺址，應沒有人能夠反對。[10]

---

9 Bo Sommarström, *Archaeological researches in the Edsen-Gol region Inner Mongolia*, p.178.

10 編號 T9（內蒙古考古隊編號 ES16，論定為第十六隧），遺址平面東西長 14 公尺，南北寬 11 公尺，東北角烽火台東西長 4.5 公尺，南北寬 3 公尺；另一遺址察干川吉（T116 或 ESCS）由烽台和一組房屋組成，占地東西寬 12.5 公尺，南北長 12.5 公尺。參魏堅，〈額濟納旗漢代居延遺址調查與發掘述要〉，《額濟納漢簡》，頁 7-11。

如何確認遺址僅僅是一般的隧，或隧同時又是部的治所，目前還難以完全解決。規模大小是一個重要的判斷標準。一般烽隧僅有三、四人，隧址不必太大。部和候長有治所，[11]部吏包括候長、候史、士吏、隧長等等。例如第四部有部吏九人（候長一人、佐史八人）（EPT59.164），第二十三部有十人（EPT59.280），誠北部和第十部各有十一人（101.26、EPT59.220）。部下轄若干隧，除本部隧長，其他隧長平日應分駐各隧，候長、候史、士吏應駐在部治所。[12]又部既

---

11　永田認為「『部』作為一個官署，在現實中並不存在，而只是一個表示管轄範圍的稱呼。『部』的長官候長在其所轄的數個隧中，選擇一個具有中心位置的隧作為自己的駐地；在這一點上，『部』與作為官署的候官、隧之間，性質上存在著差異。」參永田英正，《居延漢簡研究》中文版序，頁2。但新舊簡有太多例證可以證明部和候長所在稱為「治所」（88.8、169.18、EPF22.738、EPT53.16、EJT25.18⋯⋯）。既稱治所，又有部吏人員和明確的行政事務，這些部吏似不可能沒有處理事務和生活上必要的空間。人數既然較一般隧多，部所在的隧即不太可能和一般隧同樣大小。這一點有待隧遺址發掘較多後，才能澄清。關於治所的意義，可參于豪亮，〈居延漢簡釋叢〉「在所」條，《于豪亮學術文存》（北京：中華書局，1985），頁190-191。

12　士吏隸屬塞尉、候官或部，學者見解頗有不同。不論如何，士吏明明曾被稱為「部士吏」（如283.19A、EPT51.536）。士吏也曾出現在「甲渠部候喜告尉謂第七部士吏、候長等寫移⋯⋯」（159.17+283.46）這樣的敘述中。如此士吏很難說不屬部。有些學者如陳夢家認為士吏直屬塞尉，分駐在部，或如永田英正指出士吏「可能是候官特別派往重要的候或隧的人員」，李均明則認為士吏乃「候官屬吏，分駐諸部。」籾山明討論部的構成時僅列候長、候史和隧長，對士吏的歸屬與永田英正、李均明的意見相同。總之，不論分駐或派往各部，部士吏勾留時間稍長，即需要有處理事務的空間。又第四部部吏有佐史，此佐史指秩級；候史、隧長都屬佐史這一級，非在候長等之外另有佐史。參陳夢家，〈漢簡所見居延邊塞與防禦組織〉《漢簡綴述》（北京：中華書局，1980），頁53；永田英正，《居延漢簡の研究》，頁426；中譯本《居延漢簡研究》，頁341-343；李均明，〈漢代甲渠候官規模考〉，《初學錄》（臺北：蘭臺出版社，1999），頁267；籾山明，《秦漢出土文字史料の研究》（東京：創文社，2015），頁263-292。

設在隊，應另有隊卒二、三人。如此部所在的隊，其吏和卒共可達七、八人或更多。果如此，設部之隊在建築空間上應比較大。李均明曾以第四部所在的第四隊遺址大小為例，明確指出其「建築規模大於普通烽隧。」[13]奈何現存的烽隧遺址多殘毀不全，或未發掘，有些規模尚能大體辨識，有很多則不易估計。這為判定遺址和簡中提及的隊、障、塞、部的關係，造成極大的困難。

第二個判斷的標準是遺址出土的簡數和簡的內容。如果無簡或極少，通常被判定為一般的隊。如果簡數多，又有較多的簡提到某特定單位，尤其是某遺址出土的封檢上較集中地提到文書的某收件單位，則這一遺址很可能就是某收件單位的所在。判定破城子 A8 遺址是甲渠候官的所在，基本上就是綜合遺址規模、簡數和簡牘文書的內容而得出的結論。

運用以上這些判斷標準，在沒有充分發掘的情況下，其實仍有風險。居延簡中提到的大小邊塞單位以百數，曾經被調查、試掘或採集過遺物或遺簡的不少，但真正以考古學方法正式發掘的不過少數幾處而已。例如遺址 F84 規模較大，曾被推定為吞遠隊和部的所在，但斯坦因和貝格曼在此兩度試掘，一枚簡都沒找到。甲渠候官第四隊在 1930 年時，僅出土了一枚簡，一度被看成是一般的隊。1973、74 年再度發掘，發現其規模較一般隊為大，出土簡多達一百九十五枚，簡上甚至提及第四部，因此學者又改判它是第四部和隊的遺址。[14]由於部即設在隊中，絕大部分隊的遺址並未經過發

---

13　李均明，〈漢代甲渠候官規模考〉，頁 304。

14　參永田英正，〈甲渠塞第四隧出土簡牘分析〉，原載文部省科學研究費補助金研究成果報告書《中國出土文字資料の基礎の研究》，1993，中譯本收入中國社會科學院簡帛研究中心編，《簡帛研究譯叢》，第一輯（長沙：湖南出版社，1996），頁

掘，又沒有從遺址中得到較充分的簡牘內證，再者，居延邊塞活動持續上百年，部、隧地點、置廢、序數編號和名稱在這百年之間都可能曾有變動。[15]在這種狀態下，要比較認真地討論部、隧位置，比定遺址與簡牘文書中單位的關係，目前實有無法克服的困難。現有的許多說法頂多只能是假設性的。

　　一個明顯的例子就是數十年來，大家對甲渠河北塞烽隧遺址和簡中序數隧比定的意見頗有歧異，至今難以定論。例如初師賓、吉村昌之和魏堅判斷遺址 ES16 即 T9，也就是簡牘中序數隧的第十六隧。T9 在宋會群和李振宏看來應是第十七隧，A5 遺址才是第十六隧。陳夢家和李均明卻認為十六隧在 A6。我在一篇舊文中曾列表檢討諸說，表示較贊同 T9 為第十七隧。[16]不論誰是誰非，T9 和 A6 直線相距達五公里餘，是約四個烽隧的間距。這幾個隧的比定差別就如此之大，河北塞全線三、四十個隧的烽隧關係，以目前的條件，怎可能確切無誤地比定？又如何能判定其中哪些是一般隧？哪些才是設有部的隧？

---

253。類似的情況也見於敦煌邊塞的遺址 Y33（T44b）。1915 年斯坦因在遺址望樓及灰層中採集簡二十餘枚，簡中提到禽寇隧，因此推定此或為禽寇隧。1977 年，嘉峪關市文物保管所於望樓內又採集到簡牘及削衣九十三枚、素簡十二枚以及毛筆桿、筆套各一件，簡中有郵書課，因此推定此隧可能也是部的所在。參吳礽驤，《河西漢塞調查與研究》（北京：文物出版社，2005），頁 122。

15　例如已有學者指出肩水候的駐地自宣帝陽朔至王莽時期即曾在 A32、A33 之間移動，參郭偉濤，〈漢代肩水候駐地移動初探〉，《簡帛》，第十四輯（上海：上海古籍出版社，2017），頁 129-173。

16　邢義田，〈全球定位系統（GPS）、3D 衛星影像導覽系統（Google Earth）與古代邊塞遺址研究〉，《地不愛寶》（北京：中華書局，2011），頁 205-257。按《居延漢簡甲乙編》（北京：中華書局，1980）所附〈額濟納河流域障隧述要〉頁 304 也認為 A6「宜為第十六隧」之所在。

因此不得不聲明，以下的討論都是在困境中勉力而為，檢討既有成果的意味大，新結論則相對有限。如前文所說，我因為關切秦漢基層社會的書寫能力，不免注意到邊塞基層「行政文書最末端」是候官或部這一議題。《額濟納漢簡》（以下簡稱《額簡》）和《肩水金關漢簡》（以下簡稱《金關簡》）陸續刊布，對重新檢視「文書送達的末端機關是部」，「目前還沒發現簡牘資料能夠證明：文書被送達部下各隧，再由隧長進行閱讀和記錄，隨後再撰寫報告文書」這樣的論斷，具有格外重要的意義。《金關簡》雖然出齊，《地灣漢簡》、《玉門關漢簡》、《懸泉漢簡（壹）》也隨後出版，唯以下討論暫先以《額簡》為主。[17]

## 二 對隧長書寫及文書能力的反思

2005 年刊布的《額簡》中有這樣一枚：

居延甲渠箕山隧長居延累山里上造華商，年六十，始建國地皇上戊
三年正月癸卯除　史

（2000ES9S：2）

這一簡字跡清晰，釋文無誤，為隧長具有「史」的資格增添了新的證據。無獨有偶，以下再補充一條《金關簡》中字跡清晰的資料：

樂昌隧長昭武安定里公乘顧賀，年廿二，初元四年三月庚申除
見　史

（73EJT9:86）

---

17　此文寫作較早，2014 年即完成初稿。如今《肩水金關漢簡》五冊已出齊，2017 年《地灣漢簡》、2019 年《玉門關漢簡》、《懸泉漢簡（壹）》也跟著出版，今後應一併納入討論。目前僅作了最低限度的增補。

大家都承認一個隧包括隧長通常只有三、四人，隧卒、鄣卒或戍卒一般缺乏識字和文書能力。[18]此外，簡牘文書的確曾提到隧長「不史」（35.16 圖1.1），但也有不少文書提到隧長「能書，會計，治官民頗知律令」，[19]更曾有隧長從「不史」變成「史」（敦1186B 圖1.2），甚至有文書追查為何隧長「史」與「不史」記錄有不相符的情形（129.22+190.30 圖1.3）。如果隧不負責閱讀、記錄或撰寫文書，何須記錄隧長是否「能書」，是否「史」或「不史」？又何必去追查「史」或「不史」記錄的正確性？

　　退一步說，這些詞語就算如冨谷至所主張，僅僅是行政文書中的固定

---

18　但也不全然如此。張德芳，《敦煌馬圈灣漢簡集釋》（蘭州：甘肅文化出版社，2013）簡822 即記錄來自濮陽的戍卒有二人「能書」。這二字過去未能釋出，現在據紅外線圖版，約略可釋。目前邊塞簡出土數萬，提到戍卒能書的似僅此一例，可見戍卒、田卒或障卒等即使能書，人數也應有限。

19　例如居延簡 13.7、37.57、89.24、179.4、EPT50.10、EPT52.36、EPT59.104、EPT65.89。

圖 1.1 35.16　　圖 1.2　　　圖 1.3
　　　　　　　　敦1186B　　129.22
　　　　　　　　局部　　　　+190.30

今塵集：秦漢時代的簡牘、畫像與文化流播
　　—— 卷一 古代文化的上下及中外流播

辭令或套話,「能書」沒有實質性意義,不能從「能書」二字具體評斷一個人的識字程度。如此一來,將很難解釋以下的事實。簡牘文書中存在著隧長可以去守或兼行候長、士吏,或調補令史、候史,兼行候長、尉史、「兼行候事」或「行候長文書事」的例子:

1. 第二隧長史臨今調守候長,真官到若有代罷　　　　　　（EPF22:248）
2. 第十四隧長李孝今調守第十守士吏　　　　　　　　　　（EPF22:251）
3. 居延擊胡隧長孤山里公乘樂憙年卅,徙補甲渠候史代張赦

　　　　　　　　　　　　　　　　　　　　　　　　　（3.19 勞圖 526）
4. 移居延第五隧長輔邊補居延令史,即日遣之書‧一事一封‧十月癸未令史敞封　　　　　　　　　　　　　　　　　　　（40.21 勞圖 296）
5. 逆胡隧長徐昌今調守候（以下殘斷,應為「長」字）

　　　　　　　　　　　　　　　　　　　　　　　　（210.7 勞圖 279）
6. 止奸隧長□宣今調守當會候長代張彭　　　　　　　　　　　（敦 2260）
7. 第二隧長史臨今調守候長,真官到若有代罷　　　　　　（EPF22:248）
8. 五月丙戌殄北隧長宣以私印兼行候事,移甲渠寫移書到如律令　／尉史並　　　　　　　　　　　　　　　　　　　　　（206.9 勞圖 298）
9. □行塞謂第七隧長由兼行候事　　　　　　　　　　　（264.1 勞圖 175）
10. ‧候詣府謂第七隧長由兼行候事‧一事一封　　　（214.35 勞圖 358）
11. 庚申隧長武兼尉史問　　　　　　　　　　　　　　（231.31 勞圖 285）
12. 候客民王鳳乘要虜隧長薛立乘今守士吏　　　　　（308.38 勞圖 437）
13. 第廿三隧長　調臨木候史詣官正月辛巳下鋪入

　　　　　　　　　　　　　　　　　　　　　　　（286.24 勞圖 301）
14. ☑三月癸酉廣地隧長尊以私印兼行候事,移肩水金

　　　　　　　　　　　　　　　　　　　　　　　（73EJT37:718）
15. 六月戊子甲渠第八隧長敞以私印行候事敢言,謹寫移敢言之

　　　　　　　　　　　　　　　　　　　　　　　　（EPT56:67）

16. ……隧長護行候長文書事敢言之，廷書曰當井隧卒彭晏四月盡廿三

　　日食書到，收晏食，遣吏持詣廷，會月廿八日。謹案時虜吏壙野隧

　　長豐　　　　　　　　　　　　　　　　　　　　　　　（73EJT24：24A）

17. 始建國元年七月庚午朔丙申，廣地隧長鳳以私印兼行候文書事…移

　　肩水金關遣吏卒官除名如牒。書到，出入如律令。

　　　　　　　　　　　　　　　　　　　　　　　　　　（73EJF3：125A）

18. 第十三隧長居延萬歲里上造馮彊年二十五始建國天鳳五年正月辛亥

　　除補甲溝候官尉史代夏侯常　　　　　　　　　　　　（EPF22：439）

　　誠如冨谷指出令史、尉史是候官一級的書記官，候史是部的書記官，「他們的職責不僅包括撰製應發文書，還包括謄寫已收文書，編製各種簿籍、謄寫此類簿籍並且將之報送上級機關。」[20]除了所謂的書記官，候長和士吏實際上也要處理文書。[21]上列第 1 至 18 例是隧長可守候長、守候史、守士吏或兼行候事，調補為候史、令史、尉史或兼尉史的實際記錄。第 8、15 例提到殄北隧長兼行候事「寫移書」，第八隧長敢行候事「謹寫移」云云。我以前曾指出「謹寫移」和「謹移」不同。「謹移」指僅僅轉手移送文書，負責轉移的單位僅登記出入並不另作謄錄；「寫移書」或「謹寫移」則不僅僅轉移現成的文件，還要「寫」，也就是抄錄謄寫。[22]如果承

---

20 冨谷至，《文書行政の漢帝國》，頁 110；劉恒武、孔李波中譯本，《文書行政的漢
　帝國》，頁 91。

21 士吏和候長職務可相代行而士吏所為也和文書有關，其例極多，如 42.18、173.7、
　283.46、EPT51.258、EPT51.546、EPT52.18、EPT52.42A、EPT52.175

22 邢義田，〈漢代簡牘公文書的正本、副本、草稿和簽署問題〉，《中央研究院歷史語
　言研究所集刊》，82:4 分（2011），頁 610 注 29。冨谷的見解也相同，見前引書中
　譯本，頁 50。第 8 例簡 206.9 出土於 A8 破城子甲渠候官遺址。甲渠候官的尉史抄
　錄了從殄北隧送來的文書，並且署名「尉史並」。本簡應是尉史的抄件。「殄北隧

　今塵集：秦漢時代的簡牘、畫像與文化流播
　　　　　　　——卷一　古代文化的上下及中外流播

認候長、士吏、候史、令史、尉史須處理文書，隧長既然能守、行、調補或兼行他們的職務，最少應有能力抄謄文件吧。第 16、17 例則明確提到隧長「行候長文書事」或「兼行候文書事」，這就不僅僅是抄寫謄錄，而是代或兼行候長一切的文書工作了。

冨谷至認為「能書、會計、頗知律令」這樣的記錄「並不是對具體識字程度的評判，只是一種言指某官吏履職無礙，可堪其任的固定辭令……簡言之，『能書』並無實質性意義。」[23]他這麼主張的一個理由是因為文書中「能書會計頗知律令」之語像是套話，套用在不同身分者的身上；再者，不曾出現「不能書」或「不會計」之類的負面評語。迄今的確沒有發現注明「不能書」或「不會計」的簡。冨谷的意見不是沒有理由。

不過，《額簡》2000ES9S:12：「隧長或不史，不能知案民，田官皆就」云云這一記錄

書佐
櫟得

元
〔康？〕
四

能書冊
它能

圖 1.4 192.25

長宣以私印兼行候事」一事可無疑。

23 參冨谷至，《文書行政の漢帝國》，頁 115；劉恒武、孔李波中譯本，《文書行政的漢帝國》，頁 99。對此課題冨谷至教授又有進一步的討論，見角谷常子編，〈文書行政における常套句〉，《東アジア木簡學のために》（奈良：奈良大學，2014），頁 33-41；中譯本，〈漢代文書行政的常套句〉，《東亞木簡學的構建》（奈良：奈良大學，2014 非賣品），頁 27-33。

值得注意。[24]這枚簡已殘，但字跡清晰，表明隧長如果「不史」，會造成「不能知案民」以及「田官皆就……」因簡殘而不明，但很可能是負面的後果。換言之，在這段文字的背後應該存在著一種想法：隧長如果「史」，才能知道如何治民，「不史」則不能如何如何。這樣的想法十分重要。因為有了認為隧長須「知案民」等等的想法，漢代邊塞才可能存在某些軍中教育的機制，[25]才會留下那麼多習書、習算的痕跡。關於這一點，後文將再討論。

其次，須注意居延簡 192.25。這枚簡提到觻得萬年里的趙通被任命為書佐，並說他「能書毋它能」（圖 1.4）。簡上字跡褪色嚴重，勞榦和《居延漢簡甲乙編》釋「毋它能」三字作「□□能」，《居延漢簡釋文合校》釋作「會計治」，我據史語所新攝紅外線照片改釋為「毋它能」。其他部分各家舊釋也有不妥，現在重釋全簡如下：

書佐觻得萬年里趙通　　元〔康？〕四年正月辛未除見　　有父母
年廿三長七尺四寸　　　能書毋它能　　　　　　　畜馬一匹
（《居延漢簡（貳）》）

「能書毋它能」五字尚屬清晰，可以確認。「毋它」為漢世常詞，漢簡中常見「毋它急」、「毋它狀」、「毋它解」、「毋它坐」等。

---

24　高村武幸已注意到這一簡，但將此句關鍵部分斷讀為「不能知案，民‧田官皆就」，可商。見氏著，《漢代の地方官吏と地域社會》，頁 102。「案」意為案治或查辦。《史記‧李斯列傳》：「趙高案治李斯」，《漢書‧何武傳》：「遣使乘傳案治黨與」。此處案民應連讀，其意較寬，類似治民或治官民，這自然包括查案理訟。

25　目前對邊塞軍中教育的機制仍不清楚，推測比較可能是以在職訓練的形態，即「以吏為師」為主。簡中有「弟子」一詞（62.19、敦 2329），居延新簡 EPT50.176AB 有兩面習字所書的「弟子」字，值得注意。這和縣校弟子（EPT59.58）的弟子意義應該相似。

《史記・佞幸傳》「鄧通」條提到「鄧通無他能……獨自謹其身以媚上而已」。[26]《漢書・公孫劉田王楊蔡陳鄭傳》謂田千秋「無他材能術學,又無伐閱功勞,特以一言窾意;旬月取宰相封侯」,「無他能」或「無他材能」即「毋它能」;「能書毋它能」應表示僅僅能書而無其他能力。[27]本簡特別注明趙通除為書佐「能書毋它能」,相當特殊。因為這樣的措詞,在數萬邊塞簡中迄今僅見一例。

可是這一例不禁令我警覺:邊塞漢簡上常見的「能書」二字是不是可能有比字面更多一點的涵義?也就是說「能書」字面上似乎意指僅僅能書寫,實際上可能還具有例如能史書或某種程度撰寫公文的能力等等,否則「能書」和「能書毋它能」豈不無以區別?因此,所謂的固定辭令有時也可能因前綴或後綴詞而存在著某些等級或程度上的差異。

由於發現「能書」後綴「毋它能」三字,不禁注意到簡 EPT65:89:「隧長濁戎頗能書」的「能書」二字前綴有一「頗」字(圖1.5)。[28]濁戎是人名。「頗

圖 1.5
EPT65.89

26 中華標點本作「無他伎能」,乾隆武英殿刊本作「無他能」。「伎(技)能」和「能」皆為漢世常詞,難定孰是。唯伎能常出現在例如敘述方士之伎能(《史記・扁鵲倉公列傳》)或相馬、相牛、相彘等的脈絡中(《史記・日者列傳》),「能」常出現在官吏能力評價的語境中。以語境而言,此處姑從武英殿刊本。

27 毋它能疑指不會計,不知律令等等。會計之意義參李均明,〈漢簡「會計」考〉,《耕耘錄:簡牘研究叢稿》(北京:人民美術出版社,2015),頁84-102。

28 隧長濁戎也見於 EPT65:64。

能書」三字書寫不很工整，但尚可辨認。「能書」二字前多一個「頗」字，這是表明隧長濁戎的書寫能力或者比「能書」要高明些，或者僅略略能書而還不到「能書」的地步。[29]「能書毋它能」和「頗能書」二詞的涵義應該有程度上的差別。「頗能書」和「能書」像「頗知律令」和「知律令」一樣，差別多少？並不清楚。無論如何，「能書」、「頗能書」和「能書毋它能」的語意應有出入，不宜等同視之。

此外，還有兩種可能：一是不見「不能書」、「不會計」之語，或是因為有其他慣用語例如「不任職」、「不勝任」可以取代。所謂「不任職」、「不勝任」的原因很多，不能書或不會計也可以說是原因之一吧。二是因為隧長「不能書」、「不會計」的太多，屬於常態，也就沒有必要特別去記錄，簡上因此從不見這樣的文字。再者，不能書者多，能書者少，又可能因能書比會計更為關鍵，不見單獨注明「會計」或「頗會計」的，反而見到仔細區別「能書」、「頗能書」或「能書毋它能」的注記。

不論能或不能，在記錄個人功勞的檔案中注明「能書、會計、治官民頗知律令」，看似固定套語，不能說完全沒有實質的意義，不宜一筆抹煞。因為在官僚行政中，為了建立和維持穩定的運作秩序和效率，文書本來就有一定程度規格化或標準化的需要。這種需要常體現在標準化的公文格式和用語上，例如「敢言之」、「敢

---

29 漢代文獻中「頗」字有「較多」、「稍少」和「多少」多種的意思，請參劉釗，〈說張家山漢簡《二年律令》中的『頗』〉，《書馨集》（上海：上海古籍出版社，2013），頁 146-154。「頗能書」的「頗」應作何解，和「頗知律令」的「頗」是否同義？因迄今僅見一例，缺乏參照，一時還難完全論定。唯「頗能書」在語意上應不同於「能書」和「能書毋它能」。

告」、「如律令」、「如府書律令」、「它如律令」、「謹移」、「謹寫移」、「以郵行」、「以亭行」等等之上。與「能書」、「史」類似的考課用語在漢代則另有諸如「能」、「最」、「尤異」、「勤事」、「文毋（無）害」、「不任職」、「軟弱」、「不勝任」等等。它們誠然都是套語，一點實質意義都沒有嗎？認定它們完全沒有實質意義，或完全相信這些考課用語的字面意義，恐怕同樣不甚妥當。

回頭再來看看富谷至的思考理據。據漢初〈二年律令‧史律〉，學童十七歲，必須學書三年，通過考試，才能成為文書吏——史。但居延和敦煌功勞簡中注記僅僅「能書會計」，沒注明是否夠格為「史」的人，卻擔任了必須處理文書的書佐（192.25圖1.4）、候史（306.19圖1.6）或有秩士吏（57.6圖1.7）。這個現象應該如何解釋？富谷至注意到這一現象，指出候史以「史」為職，為何和不以史為職的隧長都被注明「能書、會計」，不好理解。[30]因而認為「能書」

圖 1.6　　圖 1.7　57.6
306.19

---

30　參富谷至，《文書行政の漢帝國》，頁115：「書記官の職務にある候史とそうではない隧長がともに「能書會計」とされるのは、いささか腑に落ちない。」；劉恒武、孔李波中譯本，《文書行政的漢帝國》，頁98。

只是固定辭令，不具實質意義。

　　先不論有無實質意義，「能書」二字到底何指？確實有必要再思考。以下提出一些假想：一是漢代所謂的「能書」和秦代有些不同。秦代「能書」指僅僅能書寫，而漢代功勞記錄和文獻裡的「能書」意義如前文所說，要多一些，或為「能史書」之省。在漢代「能史書」意味著能像史一樣，以最常用的隸書抄寫公文，因此可以出任某些吏職，只是還不夠格為「史」。《漢書‧路溫舒傳》說路溫舒父使其牧羊，「溫舒取澤中蒲，截以為牒，編用寫書，稍習善，求為獄小吏」。《漢書‧王尊傳》說王尊「能史書，年十三，求為獄小吏。」二人都求為獄小吏，一曰習善，一曰能史書，可見善、能義近可通。王尊只有十三歲，不到起碼的十七，年齡上還不夠格為史，但因善寫史書或隸書，或者說能書寫如史，而得求為獄小吏。[31]

　　另一種假想是：漢代「能書」的意義和秦代相同，都是一種較「史」為低的書寫能力評語。睡虎地秦律十八種的《內史雜》曾提

---

31　大家都知道文獻中還常見「善史書」一詞。「善史書」應和「能史書」相似。「善史書」在文獻中有時省為「善書」。例如張湯子張安世以父任為郎，「用善書給事尚書」（《漢書‧張湯傳》）。又陳遵「贍於文辭，性善書，與人尺牘，主皆藏去，以為榮。」（《漢書‧游俠傳》陳遵條）這兩個例子的「善書」基本上都是指善史書。此外，陳遵書法好，文辭也優美。「善書」二字所指有時也不限於擅長書法而已。「善史書」既可省為「善書」，「能史書」省為「能書」也就十分自然了。又《後漢書‧皇后紀》靈思何皇后條附記王美人：「美人豐姿色，聰敏有才明，能書、會計」云云，中華點校本《後漢書》〈校勘記〉（頁464）謂「明能」二字疑誤倒，《御覽》一四五引作「聰敏有才能，明書會計」。如果參照漢簡，則知這裡可能並不是誤倒，而是衍一「明」字；原文應作「聰敏有才，能書、會計」。「能書、會計」四字和漢邊塞簡中的考課語正好相同，應是當時的習語。這位美人的「能書」，無疑也指「能史書」或「善史書」。

今塵集：秦漢時代的簡牘、畫像與文化流播
——卷一　古代文化的上下及中外流播

到「下吏能書者，毋敢從史之事。」[32]不論「下吏」身分究竟如何，即使能書也不一定能從事史的工作。但漢代邊塞上能書、會計而竟然被任用為理論上須具「史」資格的書佐、候史或有秩士吏。為何如此？原因可以很多。一個相當自然合理的解釋是：邊塞可能缺乏具有「史」資格的人，不得不起用不太夠格的來擔當原本應由「史」承擔的文書工作。趙通「能書毋它能」能夠出任太守或都尉府一級，不僅需要抄，也要處理文書的書佐，確實令人訝異。任命他為書佐除非有更複雜或特殊的原因，否則從邊塞能書者短缺，夠格為「史」的人不足去解釋，不是較為自然合理嗎？

　　能書、會計者缺乏，邊塞又有大量糧食、錢財、人員、裝備等等會計、統計和行政文書工作上的需要，因此以學習書寫公文和算術為主的軍中教育受到重視。沿居延、敦煌邊塞各遺址曾出土相當多習字簡、觚、削衣和《蒼頡》、《急就》和九九、算數書殘文。過去我曾討論過這個問題。[33]有待進一步研究的是：如果能約略判定這些習書殘觚或削衣以及字書簡的時代段落和出土分布，就有可能更好地去評估漢代邊塞是否曾長期，或僅在某些時期，努力於提高邊塞人員（最少包括隧長）的讀寫、計算能力，甚至一般的文化素質。

　　針對讀寫，以下要談談額濟納 ES7 遺址出土的「蒼頡作書，以

---

32　陳偉主編，《秦簡牘合集（壹）上》（武漢：武漢大學出版社，2015），內史雜簡
　　192，頁148。

33　邢義田，〈漢代《蒼頡》、《急就》、八體和『史書』問題〉，《治國安邦》，頁595-
　　654。2014 年史語所簡牘整理小組發現簡 124.15AB 應是算數書殘文，參歷史語言
　　研究所簡牘整理小組編，《居延漢簡（貳）》（臺北：中央研究院歷史語言研究所，
　　2015）。

教後嗣，幼子承詔」（圖 1.8）一簡的意義。ES7 遺址規模較大，出土簡較多，被認為是第七部的所在。但如前文所說，這還需要更充分的論證。不論是不是部，它必然是一個隧。這枚抄寫《蒼頡》的簡，不論運筆或結字都相當稚拙，在書法上遠遠不如一般文書簡。它應是一枚習字簡，出自初學者之手。

如果這一點可以成立，即可證明學習書寫，不僅存在於候官這樣等級的單位，也存在於較下層的單位。此外，烽隧或部遺址既然出土了大量因習書而留下的簡、觚、削衣、字書範本以及練習九九術的簡，[34]不能不承認隧中人員曾有習書學算的事實。如果簿籍和文書都由候官或部以上的單位處理，隧不負責記錄、閱讀或撰寫報告文書，那麼就很難解釋隧中人員有學習的需要，也不好理解隧遺址為何會存在字書、六甲、九九或習書簡。過去日本學者多不注意簡上筆跡的異同或書法的成熟與否。其中一大原因是認為筆跡相不相同或成不成熟較為「微妙」，不易判斷。[35]這話，誠然。可是不作判斷，就

圖 1.8
2000ES7SF1：
123-124

---

34 關於字書範本和習字簡的判別，請參邢義田，〈漢代《蒼頡》、《急就》、八體和「史書」問題〉，《治國安邦》，頁 607-621。

35 永田英正對魯惟一以筆跡為參考，復原簡冊的方法有所保留。參永田英正，《居延漢簡の研究》，頁 41；張學鋒中譯本，《居延漢簡研究》，頁 38；籾山明，〈日本居延漢簡研究的回顧與展望〉，收入中國政法大學法律古籍整理研究所編，《中國古

難免會錯失評估簡牘文書的性質、書手能力和身分的可能機會。私意以為有不少字跡固然難以判斷，但也有很多可以明顯看出優劣和成熟與否。上述 ES7 出土的「蒼頡作書」簡就是一個不難判斷的例子。

此外，過去學者在評估隧的書寫或閱讀能力時，除了注意史或不史，能不能書，以及行政程序上文件是否下傳到隧或隧是否上報文書和簿籍等等，幾乎都忽略了隧遺址中各種和行政無關的典籍殘簡的存在。以《額簡》為例，在以下這些隧中曾出土了為數不少的典籍殘文（表2）：

### 表 2 典籍殘文表
（殘文僅節引部分，釋文參照孫家洲主編，《額濟納漢簡釋文校本》）

| 遺址 | 典籍殘文 | 簡號 |
|---|---|---|
| ES7 | | |
| 1 | 葬焉介山木槐毌人單可以為…… | 2000ES7SF1：2A |
| 2 | ☑膏☑者且束☑<br>膏長者吉言治膏舍音吉…… | 2000ES7SF1：15 |
| 3 | 弟子三百人而游南至☑江上其少子病<br>☑ | 2000ES7SF1：33 |
| 4 | ☑☑天☑者大吉<br>膏☑☑ | 2000ES7SF1：58 |
| 5 | ☑遠辟小人教告諸☑ | 2000ES7SF1：73A |

---

代法律文獻研究》，第九輯（北京：社會科學文獻出版社，2015），頁 163。日本學者有相當長一段時間受永田方法傾向的影響，但籾山明在展望日本研究潮流和動向時，再度提到了筆跡，指出「不僅通過內容與格式，同時也通過筆跡與簡的形狀來看出通則、這一方法無疑是在新史料的局面下，對始於森鹿三與藤枝晃的漢簡古文書研究的發展。」（同前文，頁 171）

| 6 | ・壬癸膏見水及黑物且有得它膏☑ | 2000ES7SF1：79 |
|---|---|---|
| 7 | ☑蒼頡作書以教後嗣幼子承詔☑ | 2000ES7SF1：123+124 |
| 8 | ・十五吉得福事　・十四凶訟畜生飲食事 | 2000ES7S：11 |
| 9 | ☑□欲二者便廚火杀持火者介子推□☑ | 2000ES7SH1：7 |
| ES9 | | |
| 10 | 復日　正月甲庚　三月戊己…… | 2000ES9SF4：27 |
| 11 | 七月甲庚　九月戊己……（術數類） | 2000ES9SF4：26 |
| ES14 | | |
| 12 | ☑一分石膏二分□□二分□參一分…… | 2000ES14SF1：5 |
| 13 | 作鐘者視其何鍾中以合其☑ | 2000ES14SF1：6 |
| ES16 | | |
| 14 | 勝官高遷（疑為占書） | 99ES16SF4：1 |
| 15 | 東方東☑<br>☑下土種良☑ | 99ES16ST1：24AB |
| ES18 | | |
| 16 | 與者半景公召晏子問之曰…… | 99ES18SH1：1 |
| 17 | 隨民惡之止男女之會…… | 99ES18SH1：2 |
| ESCS<br>（察干川吉） | | |
| 18 | ・欲急行出邑禹步三唬皋祝曰…… | 2002ESCSF1：2 |
| 19 | 冬三月毋北鄉二者凶☑ | 2002ESCSF1：3A |
| 20 | ☑南方火即急行者越此物行吉 | 2002ESCSF1：4 |
| 21 | 卯東南有得西北凶…… | 2002ESCSF1：5A |
| 22 | 大抵田章勒君耳桓公曰田章天下☑ | 2002ESCSF1：6 |

以上二十二例殘文分別出土於六個遺址，六個遺址中的 ES14、ES16 和察干川吉三處明確只有十餘公尺見方，暫可推定是一般的隧址。只有 ES7 稍大，或為部的治所。換言之，我們可以比較確定地說，以上六個遺址出土的典籍殘文出自最少三個（ES14、ES16 和察干川吉）或三個以上非部治所的隧。ES14 出土醫方和某種不明典籍，ES9、ES16 出土與吉凶卜祝有關的術數殘文，ES18 出土《晏子春秋》，察干川吉出土了和出行吉凶以及春秋時代齊國田章有關的典籍殘文。此外值得注意的是 ES16、ES17、ES18 如果確實是三個相連的序數隧指第十六、十七、十八隧，又如果第十七隧為部治所的推定正確，就有理由相信第十六和第十八隧不會是部的治所所在。因為甲渠候官烽隧呈線狀排列，每六至八隧才設一部，[36] 相連的三個隧幾乎不可能同時都是部治所。ES9、ES17 和 ES18 遺址規模未見報導，否則更可確定其中最少有兩處僅為一般的隧，這樣的隧居然存在不算少的簡、筆或如《晏子春秋》這樣的典籍，十分值得重視。[37]

　　因為以上這些典籍和文書行政或習字書寫可以說都不直接相干。典籍的存在無疑證明：一般隧中的人員不僅有能力書寫較簡單的文書，甚至有能力或需要去閱讀更高階的讀物。果真如此，某些隧中人員的文字閱讀和理解能力必然不僅僅限於「能書」而已。今後如果展開較徹底的發掘，在不少隧的遺址中，應有機會發現更多這類的殘文。新近刊布的《肩水金關漢簡（參）》收錄很多和術數、

---

36　參李均明，〈漢代甲渠候官規模考〉，《初學錄》，頁 301-304。又據簡 EPT57.108 可確知自第十三至第十八隧應是連續排列。

37　按晏子在漢世十分受歡迎，破城子第五十一探方也曾出土《晏子春秋》殘文簡 EPT51.390。

算數書、九九、《孝經》、《論語》、《詩經》、甚至疑與《左傳》、《說苑》、《春秋繁露》、《法言》文句相關以及其他不明典籍的殘文，大有助於我們進一步評估各級邊塞人員的文化素養。這一課題值得今後全面綜合，深入研究。[38]

# 三 對「文書行政最末端」的反思

## 1. ES16 遺址出土王莽詔書殘文

內蒙古考古隊認為額濟納遺址 ES16 是第十六隧的所在，我則曾推斷也有可能是第十七隧。[39]不論十六或十七，其十餘公尺見方

---

38  例如簡 73EJT24.599（《春秋繁露》？）、73EJT24.802（《論語》）、73EJT24.833（《論語》）、73EJT24.842（《說苑》？）、73EJT26.5AB（九九、建除曆）、73EJT31.42A（《左傳》？）、73EJT31.44+30.55（《孝經》）、73EJT31.75（《論語》）、73EJT 31.77（《論語》）、73EJT31.102AB（《詩經》）、73EJT31.104AB（《孝經》）、73EJT31.139（《法言》？）、73EJT31.141（《詩經》），見《肩水金關漢簡（參）》（上海：中西書局，2014）。以上附問號者，但見文句與傳世典籍相同或相似，不必然屬同書，詳考有待另文。另可參黃浩波，〈肩水金關漢簡所見典籍殘簡〉，武漢大學簡帛研究中心簡帛網：http://www.bsm.org.cn/show_article.php?id=1874（2013.8.1 刊布，2016.1.15 檢索）；鄔勖，〈讀金關簡札記三則〉，收入王沛主編，《出土文獻與法律史研究》，第四輯（上海：上海人民出版社，2015），頁 49-55；劉嬌，〈居延漢簡所見六藝諸子類資料〉，收入《第二屆古文字學青年論壇》會議用論文集（臺北：中央研究院歷史語言研究所，2016），頁 379-416，又見〈居延漢簡所見六藝諸子類資料輯釋〉，《出土文獻與古文字研究》，第七輯（上海：上海古籍出版社，2018），頁 283-326。

39  我曾推測 T9 遺址也不無可能是第十七隧。參邢義田，〈全球定位系統（GPS）、3D 衛星影像導覽系統（Google Earth）與古代邊塞遺址研究〉，《地不愛寶：漢代的簡牘》（北京：中華書局，2011），頁 248-257。不論第幾隧，從大小和建築格局看

的規模較可能是一個容納三至五人的烽隧。[40]如果這一點得到承認，則請注意在此出土的六十八枚簡中，有一枚王莽詔書殘簡（圖2）。目前可考的邊塞詔書簡不論是否寫在合乎規格的「兩行」上，其書寫都特別工整用心，最少沒有錯漏（圖3.1-3.3）；[41]可是這枚詔書殘簡的抄寫出奇地草率隨意，也沒有為編繩留空；其次，所抄字句明顯錯漏，詔書原文絕不可能如此。這令我不得不懷疑它應出自一位書法欠佳，又不用心抄寫者的手。

誰抄的呢？過去沒有人問這個問題。如果根據永田和冨谷的看法，抄寫者應該是都尉府、候官或部的文書吏——書佐、令史、尉史或候史。他們抄好，下交給各隧。但是詔書簡既然在隧中出土，書法又拙劣，抄寫者恐不能排除是一位隧中習書的新手。新手據手邊的詔書簡隨意習字，因此才不那麼在乎是否完整或正確，而抄成了「定號為新，普天〔之下〕莫匪新土，索（率）土之賓（濱），〔莫〕匪新臣」這樣錯漏連連的模樣。候官或部的文書吏日常須處理大量的文書，久經磨練，在抄寫上雖不能說不會出錯，但不致於錯漏和

---

（和甲渠河北塞幾個烽隧遺址現象較清楚的例如 P1、T10、T13、T14 比較），其為烽隧遺址，則無異議。

40　魏堅和昌碩曾據遺址大小、房間數和位置，估計此隧可容十人，但也曾聲明「各項均取最大值」。魏、昌二位說「凡烽隧隧有隧長一人、隧史一至三人、隧卒二至六人」（頁121），估計值的確過高。參魏堅、昌碩，〈居延漢代烽隧的調查發掘及其功能初探〉，收入孫家洲主編，《額濟納漢簡釋文校本》（北京：文物出版社，2007），頁115-125。多數學者同意普通一隧包括隧長、隧卒不過三、四人。

41　如居延簡 117.43+118.1+255.25、126.29、126.30、126.41+332.23+332.10、185.2A、225.32、349.9+349.22。關於詔書簡特色，較新的研究請參劉樂賢，〈肩水金關漢簡中的王莽登基詔書〉，《文物》，3（2015），頁78-80。劉先生曾特別指出肩水金關出土王莽登基詔簡殘文用兩行簡，除通假字，與《漢書·王莽傳》所錄，完全相符。可見詔書簡在抄寫上的認真、慎重。

書法拙劣到這般地步。更何況，以可考見的其他詔書簡來說，抄寫詔書一般都相當慎重，字跡明顯較為工整老練。這枚王莽詔書簡（99ES16ST1:14A）令人很難相信是出自候官或部吏之手。

更有甚者，像「定號為新，普天之下，莫匪新土，率土之濱，莫匪新臣」、「□室以土德代火家」（225.32）等等這樣宣告新朝成立的重大詔書，王莽時必曾廣為宣傳。在邊塞上，除了都尉府、候官和部塞，顯然連隧這一級也需要抄存，甚至需要張掛和宣讀。大家都熟知居延和敦煌出土的詔書簡經常要求地方官吏將詔書寫成扁，懸掛在「鄉、市、里門、亭顯見處」作為結尾。姑不論這樣的結尾是否僅為公式化的套語，是否每個地方都真有鄉、市、里門或亭，

圖 2　99ES16ST1:14A 及放大圖

圖 3.1
117.43＋118.1＋
255.25

圖 3.2
185.2A

圖 3.3
73EJT23.767

其用意無疑是要明確宣示：**詔書必須傳達到郡、國、縣、道、鄉、里最末梢的每一個角落**。這是制度和原則性的要求。王莽此詔意義重大，理應屬於這類。恰巧敦煌簡中有兩枚，值得合而觀之：

> 知令。重寫令，移書到，各明白大扁書市里官所寺舍門亭隧堠中，
>
> 令吏卒民盡訟（誦）知之，且遣郵吏循行問吏卒凡知令者，案論尉
>
> 丞、令丞以下。毋忽，如律令，敢告卒人。（敦 1365）

這枚簡前文不明，原應接在另一簡之後，無疑涉及向最基層傳達某種令。[42]它不僅明確提到某令要寫成扁，懸掛在市、里、官所、寺舍、門、亭，也要懸掛在隧堠。堠是隧中舉苣火，高四丈的烽火台（EPT52.27）。既然某種令要「寫移」到隧堠，不難推想某些詔書也須下傳到隧。這一點可由另一枚敦煌簡得到證明：

> 凌胡隧、厭胡隧、廣昌隧各請輸札、兩行，隧五十，繩廿丈。須寫
>
> 下詔書（A）
>
> 凌胡以次寫傳至廣昌，縣（懸）便處，令都尉到□可得（B）
>
> （敦 1684AB）

各隧為了「寫下詔書」，要求上級（塞或候官）輸送札、兩行簡以及書繩，[43]而且須待凌胡隧先抄，再「以次寫傳」；「寫傳」指傳送之外，還要抄寫。這裡的「以次寫傳」應指「以隧次寫傳」，[44]就

---

42 下傳和要求布告的套語或謂「明白扁書鄉亭市里顯見處，令吏民盡知之」，或曰「明白扁書亭隧顯見處，令吏卒盡知之」（額簡 2000ES9SF4:2）等，並不全然相同，但要求傳達到最基層，讓所有的人都知道的用意是相同的。

43 相關記錄不少。本文僅附 A33 肩水候官遺址出土有關安漢、禽寇、驪喜隧的四枚圖版為例，請見圖 6.1-6.4 及後文。

44 例如敦煌簡 T.vi.b.ii.7：「廣武寫傳至步昌、陵胡，以次行」（《敦煌漢簡》，1809），廣武、步昌和陵胡皆隧；再如肩水金關簡 73EJT27.46：「左前候長隧長黨寫傳至東部，隧次行」也可證明依隧次傳寫文書的存在。

是要依隧的順序由凌胡隧傳寫詔書到厭胡隧，最後到廣昌隧（圖4）。[45]詔書既明白寫移隧堠，隧又為了抄寫詔書，請求上級提供札、兩行和書繩，這頗可旁證前述第十六或十七隧出土的王莽詔書是由隧中人員抄錄。邊塞物資不是那麼充裕，平常雖經手公文，也用簡材，一旦須抄寫詔書，詔書每每長篇累牘，比一般公文書耗費簡材，隧中兩行簡和編繩等書材即可能不足，須另求上級供應。如果詔書一律是由上級的候官或部吏抄好發下，怎會出現要求隧「以次寫傳」的命令？隧又何須為抄寫詔書而特別請求發給簡材和編繩？

圖 4　D3（T6b）、D2（T6c）、D1（T6d）遺址相對位置圖

---

45　吳礽驤及其他前輩學者曾比定烽隧遺址 D3（T6b）、D2（T6c）、D1（T6d）即簡中的凌胡、厭胡和廣昌隧。如果正確，據 Google Earth 測量，凌胡距厭胡約 3214 公尺，厭胡距廣昌約 3469 公尺，凌胡距廣昌約 6058 公尺（參圖 4）。舊稿此處解讀有誤，承籾山明教授指正，謹謝。

今塵集：秦漢時代的簡牘、畫像與文化流播
　　　　——卷一　古代文化的上下及中外流播

隧和里不同。但隧長和里正同為帝國邊塞或郡縣最基層涉及行政的人員，書寫能力可想而知確實較為薄弱有限。但由前例可知：一般行政文書下達的末端雖說是部，恐非全然如此；某些特殊或重要的文件如烽火品約、明確指定須下達最基層的檄書、律令、詔書等等，應會下傳至各烽隧，各隧需要存或抄。[46] 如此一來，抄件的品質才會因書寫能力有異而出現優劣參差不齊的現象。因為隧不時有抄寫的需要，就必要有人能稍知閱讀和書寫，也須有筆、簡、書繩等材料。

## 2. 隧遺址出土的文書材料——筆、木簡、書繩

　　隧遺址出土文具和書材的例子不少。《額簡》所附發掘述要提到在 ES16 遺址出土一件筆桿（99ES16ST1: 28）：「天然紅柳條製成，較直，粗細一致，尾端平齊，前端部略細，似為穿綦之用，端部纏

---

46　謝桂華明確據第七隧出土烽火品約，指出烽火品約不僅下達候官，還要下達部和隧，參所著，〈初讀額濟納漢簡〉，《額濟納漢簡》，頁 40。但如果認為第七隧即第七部的所在，則烽火品約是否下傳至一般的隧，還需要證據，詳後文。馬怡在論始建國二年詔書下行的大文中曾提到 2005 年 8 月她到出土始建國二年詔書的甲渠候官第九隧遺址考察，指出：「邊隧是漢代軍事防禦的最低一級，地處荒遠，每隧僅容數人。這件詔書冊之到達此隧，雖不能排除其偶然性，卻也在一定程度上反映了中央政權對邊疆基層的控制和影響。」（頁 269）參馬怡，〈『始建國二年詔書冊所見詔書之下行』〉，收入孫家洲主編，《額濟納漢簡釋文校本》，頁 262-269。私意以為凡以「吏民盡知之」等語作結的詔書，理論上應會常態性下行到隧，而非偶然。地方官吏是否認真下傳這類詔書到最基層，是否如崔寔所說「得詔書，但掛壁」，實際上會因人因事因時而異。檄書寫移亭隧並抄寫成扁，高懸於亭隧之例見《敦煌漢簡》簡 1376：「寫移檄到，具寫檄扁〔傳輸〕亭隧高顯處，令吏卒明」。

有少量細的麻線，長三十點六厘米，桿徑零點八厘米。」[47]這一出土證明隧有筆。

　　其他的例子也不少。例如貝格曼在額濟納邊塞遺址的調查報告中曾提到除了在遺址 A8（甲渠候官）出土甚為完整的毛筆一件（今藏史語所），A33（肩水候官）出土筆桿一件，疑似筆桿一件。此外在 A3 烽隧遺址（watch tower），曾出土殘毛筆頭一件。[48] 1907年，斯坦因在敦煌 T12、T22a 烽隧遺址（甘肅考古所編號 D23、D22）曾各發現毛筆，1977 年嘉峪關市文物保管所在玉門花海鄉 Y33（T44b）遺址發現竹質筆桿和筆套各一件，[49] 1991年在敦煌西湖高望隧遺址曾出土一件長 21.3 公分幾乎完整的西漢毛筆（圖 5）。[50]由此可見毛筆並不僅僅存在於候官或部一級的單位。隧有毛筆應是事實。如果所有的簿籍和文書都由部以上的單位處理，隧不記錄或撰寫文書，為什麼隧會有毛筆存在？

　　其次，在新舊居延和敦煌簡中都曾清楚提到輸送札、兩行和書繩到隧以及隧須記錄隧中所擁有的札、兩行以及編繩的數量，有些單位甚至花錢去買這些編製簡冊不可少的基本材料（圖 6.1-6.4）。[51]如果所有的簿籍和文書都由部以上的單位處理，隧不記錄或撰寫報告文書，為什麼隧需要購買和記錄這些簡和書繩的數量？

---

47　魏堅編，《額濟納漢簡》，頁 18。

48　Bo Sommarström, *Archaeological researches in the Edsen-gol region Inner Mongolia*, p. 39, fig. 8.

49　吳礽驤，《河西漢塞調查與研究》，頁 65-66、122。

50　敦煌市博物館編，《敦煌文物》（蘭州：甘肅人民美術出版社，2002），頁 37。

51　汪桂海，〈漢代官府簡牘的加工、供應〉，《簡帛研究 2009》（桂林：廣西師範大學出版社，2011），頁 142-148。

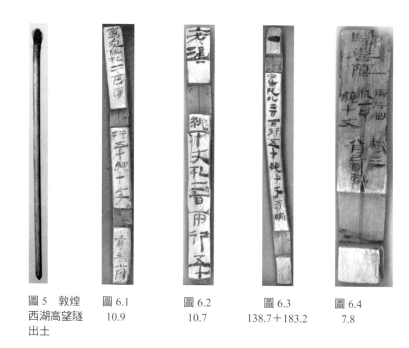

圖 5　敦煌
西湖高望隧
出土

圖 6.1
10.9

圖 6.2
10.7

圖 6.3
138.7＋183.2

圖 6.4
7.8

　　還有一個值得注意的現象，在居延和敦煌的烽隧遺址中曾發現不少尚未書寫的空白素簡。[52]素簡的存在證明有些烽隧有待用或庫

---

52　例如 D80（T27）遺址出土有字簡十餘枚，另出大量素簡，Y33（T44b）遺址出土
　　有字簡九十餘枚，素簡十二枚，酒泉地區 J13（T46b）遺址出土有字簡二枚，素簡
　　若干。參吳礽驤，《河西漢塞調查與研究》，頁 83、123、127 及本文附表四。居
　　延地區各烽隧遺址出土素簡不少。我曾統計史語所所藏長 20 公分左右，基本尚屬
　　完整的空白簡有 156 枚，其中出土不明的占 99 枚，其餘 57 枚絕大部分出土自 A8
　　（破城子）、A33（地灣）、A35（大灣）、P9（博羅松治）等候官或更高等級的遺
　　址，但也有少數出土自 A10（瓦因托尼，簡 88.24）、A21（布肯托尼，簡 170.6）、
　　A16（馬民烏蘇，簡 277.1）等亭隧遺址。1973-74 年發掘的居延新簡基本上出自破
　　城子甲渠候官、肩水金關和 P1 第四隧（部），非一般隧的遺址。但內蒙古考古隊
　　發掘的額濟納簡有些出自一般隧，其中是否有空白素簡，未見報導，還待考查。

存的簡材。如果所有的文書都由部及部以上的單位寫好發下，隧就沒有需要，也不應有素簡存在。

更可注意的是《額簡》簡 99ES17SH1:11 A 有隧長出錢買筆的記錄：

☐☐☐隧長王立　　十月俸錢九百　　出五十五卑
　　　　　　　　　　　　　　　　出六十六☐十月小畜錢
　　　　　　　　　　　　　　　　出二百候史☐候奉錢
　　　　　　　　　　　　　　　　出卅筆一筩☐一[53]

此簡「筆」字清晰，「隧」字甚殘，僅餘辵部下半，但因奉錢九百符合宣帝益奉以後的隧長月俸，殘字以下「長」字清晰，某長又月俸九百的僅有隧長，簡背更明確提到隧長云云，因而可推證殘字為「隧」。如果隧長無須或不能書寫，何須自己花三十錢去買一支筆和筆筒？三十錢在居延邊塞可以買到約五至十餘斤肉，一石穀子，半石的米或粟，三斗餘麥子，二至四斗酒，二十束茭，三尺素帛或幾乎十分之一匹的縑。[54]筆並不便宜。居延邊塞的隧長須以月俸償還欠債，或貧寒無以自存，甚至被迫「罷休」去職的比比皆是，[55]他們如果不是需要處理文書，必須用筆書寫，怎會不先買

---

53　「筩☐一」《額簡》和《額濟納漢簡釋文校本》皆作「筩直」，不好解。「筩」下一字筆劃頗有不明，暫不釋。「筩☐」疑為置筆之筒或筆套。EPT10.29：「買筩一☐」可參。

54　馬怡，〈漢代的麻布及相關問題探討〉，《古代庶民社會》（臺北：中央研究院歷史語言研究所，2013），附表 A 漢代糧價舉例；附表 B 漢代絲織品價舉例，頁 228-238。酒價參 73EJT5：95A、73EJT6：154A、73EJT7：135，肉價參簡173.8A+198.11A、EPS4T2：15、73EJT5：95A，麥價參 73EJT2：27A，茭價參簡140.18，素帛價參 73EJT29：26。

55　以月俸還債例請見後文。貧寒罷休例參邢義田，〈從居延簡看漢代軍隊的若干人事

衣、糧或還債而去買筆？可見筆對隧長而言，應是不下於衣糧的日常必需品。

## 3. 隧長書寫的送達文書和不定期文書

如果以上所說可以證明隧的人員具有某種程度閱讀、記錄和撰寫文書的能力，那麼除了前文提到的詔書抄件，是否還可在隧中找到其他由隧記錄或撰寫的文書呢？請先看以下由隧長主動上呈或轉移各種爰書、名籍、簿而通常在文書末尾附加的所謂「送達文書」簡：

1. 元康元年八月癸卯朔壬申，博要隧長則敢言之，謹移卒病死爰書一

   編敢言之　　　　　　　　　　　　　　（《居延漢簡補編》C19）

2. 更始三年二月癸丑朔〔第卅六〕隧長護敢言之謹移

   　　　　　　　　　　　（110.1A＋110.5A《居延漢簡（貳）》）

3. □酉臨木隧長忠敢言之謹移郵書　　　（127.29《居延漢簡（貳）》）

4. 元康四年三月戊子朔甲辰，望泉隧長忠敢言之

   候官謹寫移〔病〕卒爰書一編敢言之

   　　　　　　　　　　　　　　　（255.40A《居延漢簡（參）》）

5. □九月 第十八隧□□敢言之謹移吏卒

   　　　　　　　　　　　　　　　（262.33 《居延漢簡（參）》）

6. 新始建國地皇上戊三年三月朔甲申候虜隧長郭崇謹兵簿如牒敢言之

   （394.3+469.1《居延漢簡（肆）》）

7. 建始三年二月癸丑朔丙子城北隧長□敢言之……

---

制度〉「貧寒罷休及貧寒吏」條，收入《治國安邦》，頁548-553。關於貧寒不得為
吏，另一好證據是居延新簡EPT59.58，舊文未引，補記於此。

已傳亭驛移如牒敢言之　　　　　　　　　　　　　　　　（EPT4：52）

8. 始建國五年九月丙午朔乙亥，第二十三隧長宏敢言之，謹移所自占
　　書功勞墨將名籍一編敢言之　　　　　　　　　　　　　（EPT5.1）

9. 吞隊長昌敢言之謹移
　　〔服〕移自證爰書敢言之　　　　　　　　　　　　　　（EPT52.373）

10. 六月戊子甲渠第八隧長敞以私印行候
　　事敢言謹寫移敢言之　　　　　　　　　　　　　　　　（EPT56.67）

11. 建平三年二月壬子朔辛巳，第十五隧長式
　　□廩三月食名籍一編敢言之　　　　　　　　　　　　　（EPT65：123）

12. 始建國三年三月癸亥朔壬戌，第十隧長育敢言之，謹移卒不任候望
　　名籍一編敢言之　　　　　　　　　　　　　　　　　（2000ES9SF3：2A）

13. 神爵二年正月丁未朔癸酉，執適隧長拓敢言之謹移□□簿一編敢言
　　之　　　　　　　　　　　　　　　　　　　　　　　（73EJT22：25）

14. 適隧長安世敢言之東部候長陳卿治所，謹移疾

　　　　　　　　　　　　　　　　　　　　　　　　　　　（73EJT23：771）


　　以上的送達文書簡所涉及的文書有「卒病死爰書」、「病卒爰
書」、「自證爰書」、「郵書」、「自占書功勞墨將名籍」、「卒不任候
望名籍」、「廩三月食名籍」、「兵簿」、「□□簿」不一而足。這些
爰書、郵書、名籍或簿不一定是由各隧自行書寫製成，但都由隧長
具名上呈或轉移，如果說它們都是由更高一級部的候長、候史等代
為寫成，是否妥當？需要三思：

　　第一，漢代公文用語有上行、下行、平行等級的區分，書寫公
文須遵守因身分和等級不同而有的不同措詞，井然有序。隧長不論
是否具備書寫能力，簡上時時出現「隧長某某敢言之」之語。這樣

的公文用語形式和尉史、候長或候史某某敢言之的形式一樣，似可證明隧長在制度上也應有某種**自行具名行文**的身分或資格，不必事事由部或候代為上達或上報。否則不好解釋為何隧長可以如此措詞，也難以解釋為何會有「隧長某某敢言之」這樣的簡存在。換言之，如果由部或候的吏代隧長書寫，應在格式和用語上留下痕跡而不是以「隧長某某敢言之」這樣的口氣和用語格式。其他例如下級奏報上級的用語「奏封」，掾、尉史和令史可以使用，隧長也使用（例如 35.11、168.9、EPT10.2B、EPT27.4、EPT51.505）。

　　第二，送達文書有固定的格式，只要稍知格式，「能書」的隧長應該不難依樣葫蘆，完成抄寫。如前文所說，有些隧長「能書」或「史」，因此可以確信最少有一部分送達文書，甚至簿籍是在隧完成，例如前引例 8 第二十三隧長所移的自占書功勞墨將名籍。雖然不知道這份名籍所涉的人員到底是誰，既由隧長移送，應是隧中人員自占書的可能性較大吧。

　　第三，我曾稍稍查驗前引這十四件隧長具名文書的筆跡，發現絕大部分和由其他較高層書吏（都尉府和候官的書佐、候史等）所寫的幾乎沒有明顯書法上優劣的差異。這應可證明這些隧長的書寫能力，的確算得上「能書」或「史」。

　　可惜至今無法評估在眾多的隧長中，

圖 7　157.10AB 紅外線照片

多少能書，多少夠格為史，又有多少目不識丁，無法讀寫；否則，就比較好去估計由隧處理一部分較簡單的文書和記錄，是否可以成為日常文書行政的常態和制度性的最末端。

不論是否常態，一些非定期文書或涉及隧長私人的事務，似乎由隧長自行書寫上報較為自然、合理。茲先舉一件首尾完整，字跡清晰，第三十五隧長周仁給甲渠候官掾范某的私信為例（圖7）：[56]

15. 給使[57]隧長仁叩頭言

掾毋恙。幸得畜見，掾數哀憐，為移自言書居延。不宜以紬〈細〉苛事，數煩案下，[58]使仁叩頭，死罪死罪。／仁欲詣前，少吏多所迫，叩頭，死罪死罪。居延即報仁書，唯掾哀憐，以時下部，令仁蚤／知其曉。欲自言府，謹請第卅二吏郭卿撻記，[59]再拜白（157.10A）

奏

---

56　簡牘整理小組編，《居延漢簡（貳）》。高村武幸曾論及這封書信。參高村武幸，《秦漢簡牘史料研究》（東京：汲古書院，2015），頁 30、99、170。又這封信目前的釋文曾參考劉樂賢先生在史語所的演講稿〈讀居延漢簡中的幾封書信〉（2018.2.1），稿中提示《居延漢簡（貳）》所釋不妥之處而修改，謹此敬誌謝忱。

57　古代史、吏、事、使字通，疑「給使」即給事，類似「牛馬走」為書信自稱謙詞。「給使」也見於其他書信簡（101.22、EPT53.27A）。

58　「案下」一詞不見它處。疑案指几案或書案，「案下」如「殿下」、「門下」、「閣下」、「閤下」為提及對方的敬稱。「使仁」疑應連讀，或為書信開始「給使隧長仁」自稱之省。就文法而言，「使仁」二字宜寫在「不宜以細苛事數煩案下」之前，如此文意即更通暢。基層吏文筆欠佳應是可以想像的。

59　撻即捧或奉。周仁的信（記）是由第三十二隧或部吏郭卿轉奉給甲渠范掾的。簡 115.1 有第三十二隧（或亦為部所在）。撻記又見簡牘整理小組編，《居延漢簡（肆）》（臺北：中央研究院歷史語言研究所，2017），書信牘 330.1B。

甲渠主官

范掾 第三十五隧長周仁（157.10B）

　　這封信在 A8 甲渠候官遺址出土，由第三十五隧長周仁發給甲渠候官掾范某，寫在一片木牘的兩面，兩面字跡相同，無疑出於同一人之手。簡背左下端有隧長周仁完整的署名。依照秦漢的文書習慣，周仁應該就是寫信的人。由於整封信都出自周仁手筆，因此署名和信件本身筆跡完全一致；如果由他人代筆，簽署筆跡應會不同。這封信件的主旨雖不能完全明白，大致是說周仁曾為某些私事寫了「自言書」給居延縣，本想親到甲渠候官治所，卻遭某少吏刁難。候官掾既然已將他的自言書轉呈居延縣，縣府也回覆了，周仁希望候官儘快轉下縣府的批示，讓他早些知道事情的結果。周仁本想到府「自言」，最後是託第三十二部的郭卿轉呈自己的信。

　　再舉一件王莽時代卅井候官所屬驩喜隧發出的一封私人書信。這封書信是由身在驩喜隧一位名叫實宣的人「自記」：

16. 實宣伏地叩頭自記

　　董房、馮孝卿坐前：萬年毋恙。頃者不相見，於宣身上部屬亭迹候為事也，毋可憂者。迫駒執所屬，故不得詣二卿坐前。甚

（505.43+505.38+502.14A）

　　毋狀。願房、孝卿〔到，自愛〕，怒（努）力加意，慎官事。叩＝頭＝幸＝甚＝。

　　宣在驩喜隧，去都倉三十餘里。獨第六隧卒杜程、李侯

　　常得奏都倉二卿，時＝數寄記書，相問音聲，意中快也。實中兄

（505.43+505.38+502.14B）

這封信寫在一方約 23 公分長的木牘兩面。正背各三行，字跡清晰完整（圖 8）。過去《甲乙編》、《合校》釋文頗有出入。今據史語所原簡紅外線照片重釋。[60] 寫信的實宣，身分不明，無它簡可考。但他明確說他的信是「自記」，[61] 牘背最末署「實中兄」，筆跡全牘一致，可證署名和寫信的為同一人，按漢代的書寫習慣，應該是一封實宣自行書寫和署名的信件。[62] 從信中「四」寫作「三」，可知實宣應是王莽時代的人。這裡特別關注的是他自稱他在都倉四十餘里外的驪喜隧。驪喜隧據研究屬卅井候官的累虜部。[63] 累虜部治所在累虜隧；換言之，驪喜隧僅僅是一個普通的隧，不是部的所在。這位能自行寫信的實宣，身分

505.43+505.38+     505.43+505.38+
502.14B            502.14A

圖 8

---

60  參簡牘整理小組，《居延漢簡（肆）》（臺北：中央研究院歷史語言研究所，2017）。

61  漢代稱書信為記。參李均明，《秦漢簡牘文書分類輯解》（北京：文物出版社，2009），頁 113-117。

62  實中兄為信尾署名，應為實宣的字。漢簡中頗多長兄、中兄、少兄之類的名字。居延簡 62.13：「長安宜里閻常字中兄」可為一例，餘不贅舉。多承劉增貴兄指教，謹謝。

63  參陳夢家，〈漢簡所見居延邊塞與邊塞組織〉，《漢簡綴述》，頁 89。

雖不能完全確認，但應該是隧長之類。

除了書信，另舉幾個和隧長本人錢財相關的「委託書」為例。居延 282.9 這枚簡的一大特點是簡中央一側有缺口，缺口旁的簡面上有封泥（圖9）。這簡兩面寫字，下端殘缺，內容已不全。角谷常子認為它應是箕山隧長委託候官將自己二月份的俸錢用以償還借款的文書：

17. 初元四年正月壬子，箕山隧長明敢言之☐

　　趙子回錢三百，唯官以二月俸錢三☐　（282.9A）

　　以二付鄉男子莫。以印為（此處有封泥）信。敢言

　　之　　　　　　　　　　　　　　　　（282.9B）

　　角谷常子曾仔細分析，指出簡的中央有約兩公分的空白，簡的左側被切去兩公分長的一段，背面有像封泥的東西，這是很明確在簡上直接加蓋封泥。封泥的目的不是作為封印，而是為了確認文書的內容，因此她認為可能是用隧長的印。[64]因為簡末有「以印為信」四字，用隧長印加蓋封泥的說法，可信。這一加蓋有隧長印的委託書是放在加封的囊袋中，鄭重地被送到甲渠候官而在A8破城子出土。

圖9　282.9AB

---

64　角谷常子，〈木簡背書考略〉，《簡帛研究譯叢》，第一輯（長沙：湖南出版社，1996），頁227。同類形制和內容的簡還有居延簡183.15AB、282.4+282.11AB可證。

角谷沒有討論這樣一件在封泥上加蓋隧長印，委託以自己薪俸償債的文書由誰寫成。我們不妨設想：涉及用個人收入以償債的委託書由本人親筆是不是較為自然合理？如果本人不知書，才會請人代筆。邊塞上有很多人不能書寫，隧長不一定能書，代筆的可能性當然存在。[65]但這類涉及個人錢財或權益的文書，在缺乏更積極證據的情況下，既然有隧長印封，或宜暫時假設由隧長本人書寫並加封。隧長以月俸還債的委託書另外有以下兩件。其中一件是陽朔元年當曲隧長譚的：

18.陽朔元年七月戊午當　　曲隧長譚敢言之，負故止害隧

　　長寧常交錢六百，願以七月俸錢償常。以印為信，敢言之

（EPT52.88A 圖 10）

　　甲渠官　　　　　　　　　　　　　　　（EPT52.88B 圖 10）

　　這枚簡中央空白約兩公分，一側切削而缺一段，原來應該也曾在封泥上押印，其簡形、內容格式和簡 282.9 幾乎相同，也宜假設是出自當事人隧長譚之手。此外，還有一件年代不明，形式略有不同但相近，如意隧長以六百錢償還翁卿的文件：

19.☑

　　臧翁卿錢六百臧官以付　　　翁卿。以印為信　　　（14.19A 圖 11）

---

65 代筆問題參邢義田，〈秦漢平民的讀寫能力——史料解讀篇之一〉，《古代庶民社會》（臺北：中央研究院歷史語言研究所，2013），頁 241-288。稍稍補充一點，簡牘文書有時特別提到「以自書為信」（37.44）、「囗曰昌言變事自書所言一卷」（EPT52.47）、「正月廿五日參餔時受萬年驛卒徐訟合二封武疆驛佐柃悟／手書大將軍檄」（EPT49.45AB），長沙東牌樓出土東漢中平三年「同文」券契也有桐丘男子「手書券信」之語，可見親自書寫是被視為特別慎重之舉，值得今後注意。參長沙市文物考古研究所、中國文物研究所編，《長沙東牌樓東漢簡牘》（北京：文物出版社，2006），簡 100。

如意隧長□□　　　　　　　　　　　　　　　（14.19B 圖 11）

這份出土於 A33 肩水候官文件的右側邊緣原本應還有一行字，部份殘筆尚可見到，但因中剖而殘失，其簡中央部分和簡282.9、EPT52.88 相似，有約兩公分的空白，中央左側也有相等長度的切削凹槽，其上原本也應曾有封泥。因殘存部分未見「敢言之」等字，比較不易判定是否由如意隧長自己所寫。

接著，再以富谷至曾提到的隧長病書為例：

20. 建武三年三月丁亥朔己丑，城北隧長黨敢言之，

迺二月壬午病加兩髀，癰種，匈脅丈滿，不耐食　　　（EPF22：80）

21. 飲，未能視事，敢言之　　　　　　　　　　　　　（EPF22：81）

22. 三月丁亥朔辛卯，城北守候長匡敢言之。謹寫移隧長黨

病書如牒敢言之今言府請令就醫　　　　　　　　　（EPF22：82）

20、21、22 這三枚簡除了「今言府請令就醫」的注記，其餘字體和墨色一致，毫無疑問是同一份文件。建武時城北隧長黨因病向部的候長報告病情，城北守候長匡根據他的病書謄錄並寫了一份報告給甲渠候官。甲渠候官相關主管收到後，在守候長匡送來的文件上注記，作了「今言府（按：指居延都尉府）請令就醫」的批示。

所謂「隧長黨病書」，從「病書」二字可以確知不是口頭報告而是書面文件。在三、五人的隧中，假設由黨自己撰寫病書應最為可能。隧長向上級報告自己病情和求醫的類似文件還有以下兩件可以參照：

23. 元康二年二〔月庚〕子朔乙丑，左前萬世隧長

破胡敢言之候官，即日疾心腹，四節不舉（5.18+255.22 勞圖版 21）（圖12）

24. 行候長事卽卿治所　□　居攝三年五月戊午，第六隧長宣敢言之，

圖 10　EPT52.88AB　　　　圖 11　14.19AB　　　　圖 12
　　　　　　　　　　　　　　　　　　　　　　　　　5.18+255.22

今塵集：秦漢時代的簡牘、畫像與文化流播
　　　——卷一　古代文化的上下及中外流播

〔隧〕☑官，請醫診治，敢言之　　　　　　　（2000ES9SF4：17AB）

例 23 在 A33 肩水候官遺址出土，左前萬世隧長向候官報告病情，應是由部轉呈候官的。例 24 是一件檢，出土於推定為第九隧的 ES9 遺址。第六隧長宣向代行候長事的郅卿申請，要求到候官去「請醫診治」，而以「郅卿治所」為收文地點。[66]這個檢的存在，證明第六隧長是從隧的所在地以書面向上級的「部」報告，報告用檢加封後送到代理候長郅卿的治所，也就是檢出土的地點 ES9。如果依前賢所主張的，不定期文書如病書，是由部的候史或其他部吏所寫，則這件病書應該或者由巡隧的部吏自隧帶回，或者即在部治所寫成。果如此，何須用檢加封？又怎會出現加封後的病書被送到部治所的事？這個檢的存在，可以有力證明第六隧長宣的求醫申請書不是由部候或更高層候官的史所代寫；如果由他們代寫，應沒必要加封。

那麼誰來寫呢？隧長宣自己寫，豈不較為可能，較為自然？如果因病重無法提筆，或不知書，不排除由隧的其他人如助吏代勞。[67]如果隧中無一人能寫，才會請鄰隧能書寫的或由上級的部吏

---

66　謝桂華疑 ES9 出土的簡 2000ES9SF4：13、14、17 是相互關聯的同一份上行文書，合在一起討論。參謝桂華，〈初讀額濟納漢簡〉，《額濟納漢簡》，頁 41。此說疑誤。第六隧長是在居攝三年五月請求診治，簡 13 第三候長上報的時間卻在九月，為何相隔如此之久？需要解釋。又謝先生認為簡 17 的郅卿是指簡 2000ES9SF4：29A 的第四候史郅譚，也可疑。因為這枚簡第四候史的「四」字沒有遵照莽時習慣書作「三」，簡 13 第三候長卻作三。

67　目前還不能證明助吏協助處理文書。相關資料太少，不是每隧都有助吏，詳參劉增貴，〈《居延新簡補編》的一些問題〉，收入簡牘整理小組編，《居延漢簡補編》，頁 37-41；邢義田，〈漢代邊塞的助吏、省卒、士吏、候長和精兵產地──讀《居延新簡》，札記〉，《徐蘋芳先生紀念文集》（上海：上海古籍出版社，2012），頁 551-555。或許會有人推測設有部的隧才會有助吏，因此助吏僅存在於少數的隧。

協助吧。

總結以上，隧的人數少，文書能力確實比較有限，我們必須承認富谷至所說「個別的隧還沒具備完全的識字能力和文書理解力」。不過，本文要強調隧並非一無文書能力。有一些隧長「能書、會計」和具「史」的資格，這些考評記錄的實質性意義不應抹煞。在隧有隧長能閱讀、記錄和撰寫的情況下，例如以上列舉的送達簡文書和某些不定期或私人文書，即無法排除是由隧長親自書寫；如隧中無一人能書，才由其他平級或上級單位的人協助。如此考慮，或許比較接近實情。這有點像一般鄉里的里，如果里正有書寫能力，他即可能處理某些最基本的文書；如果沒有能力，即由鄰近有能力的里正或上級的鄉吏，甚至由縣派遣臨時下鄉的縣吏來處理。我相信在一個基層社會書寫能力還不夠普遍的時代，基層行政在制度上必須允許，也必然因時、因地、因人、因事而存在一定的彈性和差異。

當然，隧中人員是否有能力閱讀、書寫或處理文書是一回事，制度上隧是否需要**常態性**地處理文書又是另一回事。如果制度上隧原本即須處理文書，僅因夠資格的人不足或隧長「不史」，由部吏來處理隧文書就該被視為是一種不得已的情況。另一種情況是制度上隧本來就不須處理文書，某些隧長因通過考試取得「史」的資格，才出現了分擔一部分文書工作的事實。這兩種情況的意義不同。不論制度究竟如何，就目前可考的實況而言，所謂「文書的末端單位」到底是部或隧，其間不無模糊或兩可的地帶，還難以絕對論斷。

---

不過這要先證明目前所見有助吏的隧，都是部的所在。可考的助吏皆云「某隧助吏」，而不說是某部助吏。

## 4. 由隧長書寫的基本記錄

這樣的模糊兩可地帶甚至包括一部分所謂的定期文書。接著就來考慮一下：定期文書到底都是在部和候官，或者有些也可能在最基層的隧製成？

誠如永田和冨谷等學者指出，大概沒有人能夠否認迄今所見的簿籍和文書，幾乎都由部塞的候史、士吏等和更高層候官的文書吏所編製，這包括隧平日最基本的工作如日迹、日作等等的簿和籍。更重要的是迄今幾乎絕大部分的簿籍包括定期和不定期的，即使看來頗為原始的日迹或日作記錄，都在候官或最少部一級的遺址出土。這自然會引導大家作出隧根本不處理文書和簿籍，甚至部是以口頭的方式向隧傳達命令或文件的結論。[68]

這樣的結論不無依據，暫可成立。強調「暫可」，是因為烽隧遺址較徹底和系統的發掘還太少，我們的認識仍有局限。另一方面，則要思考：在大家慣常所分的「定期」和「不定期」簿籍文書之中，是否還有其他分類的可能？一般所謂的定期文書是指日迹簿、月言簿、四時簿等等，不定期是指檄書、病書之類。不定期的是因臨時發生之事而產生，已如前文所論。以定期而言，誠如永田指出其實還應依文書性質，分出層次；最少可分成以下兩層：(1)基

---

68 參冨谷至，《文書行政の漢帝國》，頁 121-131；劉恒武、孔李波中譯本，《文書行政的漢帝國》，頁 103-113。對隧以口頭傳達命令和文件應是重要的方式。但僅以口頭傳達一切嗎？除了前文提到隧遺址出土的詔書殘簡，另外常見某些文書「以隧次行」（如居延簡 16.6、32.23、EPT49.75、EPT59.639、EPT59.813、EPT65.326）也應納入考慮。這意味著這些文件不是「以郵行」或「以亭行」，而可能是必須傳達到各隧的。以隧次行的文件或例如烽火品約等等，應被視為和隧相關，各隧應閱讀和記錄的文件才比較合理，否則沒有理由不經郵、亭，而按隧次傳送。此外例如逐捕逃犯的文件，描述有關逃犯的形貌等特徵，也應傳達到最基層的隧才合理。

本或原始記錄，[69] (2)據基本或原始記錄而進一步形成的平級或更高一級的文書或簿籍。

所謂基本或原始記錄理論上是指各單位按「時刻」或按「日」而製的工作記錄。按時刻的例如烽火、郵書傳遞；按日的例如日迹、日作。所謂的月言簿和四時簿等等都以這樣的基本記錄為基礎。基本或原始記錄的一個特點是理論上不分行政單位的層級，普遍存在於上下各單位；各單位各有職司，因此都該有自己像工作日誌一般的記錄。根據基本記錄而形成的簿籍和文書，卻可因行政層級、職司或管理需要而有不同的組合或重新編製。

如果大家承認秦漢帝國的官僚行政已有相當程度的分層負責和分工性，又如果同意漢代邊塞體系在行政上從都尉、候官、部塞到隧也存在著某種程度的分層負責和分工，那麼就不能排除作為最基層單位的隧，在理論和制度上也要承擔某些基本或原始記錄的工作和責任。也就是說，隧因人數和文書能力有限，或許無須製作簿和籍，也不負責保存文書檔案，但在可能範圍內，應該需要作一些本單位日常工作的簡單、基本的記錄。這些記錄要定期上交給部，並由部滙集整理成各種簿或籍，再上報給更上層的候官甚至都尉府，並接受他們的考核和獎懲。

這樣設想還有兩個理由：第一，烽隧的日常工作十分固定單純，基本記錄的內容無非是某日或某時刻，某人是否作了份內的事。隧長在簡上，只須套用格式，以簡單的幾個字和符號就能完成記錄（圖 13.1-9）。第二，由於這樣的記錄需要每天，甚至按時刻隨

---

69 永田名之為「生の記錄」（原始記錄）。參永田英正，前引書，頁 386；中譯本，頁 307。

時作成，如果可能，由隧自行登記，應該最為方便可行。

　　甲渠候官屬下的一部，通常轄有六至八隧，綿延七至十公里左右，部吏如候長、候史除了處理部內頗為繁雜的文書，還須在自己的責任區內日迹並巡視各隧，候史一部通常一人，就算有些多於一人，[70]能否每天巡視？又巡視至各隧，能否及時為每一隧代作一天的各樣工作記錄？更何況部吏巡視，必有固定的時間，不會一整天都停留在同一隧，但烽火和郵書傳遞，除了平安火之類，任何時刻都可能發生。要求只有二至三名隧卒的隧在每天日迹、日作之餘，抽調出人力，每天或隨時到部去作口頭報告，再由部吏記錄，這是不是會令人感到有些不可思議？

　　因此，我不免推想比較可能的情況是如果書寫條件允許，由隧本身作成烽火、郵遞、日迹、日作等等最基本或原始的記錄，部吏不論是候長、候史巡視各隧時，即將記錄帶回，由部的文書吏進一步處理。如果某些隧連最簡單的幾個字都無法寫，也有可能由部吏先寫好某隧日迹、日作等的輪值表和其他表格之類交給隧，隧長或隧卒在完成任務後，僅於其上打勾、畫上符號或寫上最簡單的字，部吏再來巡查時收回。因此這些記錄多半不會在隧，反而在部治所（同時也是某隧）的遺址中出土。部根據這些基本或原始記錄，編輯成為按人員、按時間或按單位的不同簿冊。按人員的例子如：

1. ・第十候長壽甘露四年九月迹簿　　　　　　　　　　（EPT56：282）
2. □史勝之日迹簿　　　（EPT53：61）（據 EPT56：22，此簡應為候史勝之）

---

70 永田認為一部有二或多位候史，但李均明認為一部通常僅置候史一人。參李均明，〈漢代甲渠候官規模考〉，頁 270。目前所能見到絕大部分的情形是一部有候史一人。

3. □甲渠候長遂昌候史道得日迹簿　　　　　　　　　　　（EPT58：76）

按單位和時間的例子如：

4. 不侵部黃龍元年六月吏卒日迹簿　　　　　　　　（139.5，勞圖207）

5. ・第廿三部建始二年二月吏卒日迹簿　　　　　　　　（EPT52：160）

6. ・不侵部建始三年四月吏卒日迹簿　　　　　　　　　（EPT51：472）

7. ・臨木部初元五年六月吏卒日迹簿　　　　　　　　　（EPT59：28）

8. ・臨木部五鳳五年三月日迹簿　　　　　　　　　　　（EPF31：3）

以上八簡都在甲渠候官出土，應都是由部呈送的。呈送時按規定，
同時也將某些必要的基本或原始記錄附上，以便候官或都尉府等上
級複核。[71]這是隧的基本或原始記錄會在上級單位遺址中出土的一
個重要原因。

　　基本或原始記錄可能是什麼樣子呢？目前還無法確切地說。推
想以下這些或許可算作例子：

（1）簡10.18出土於肩水候官遺址，簡上有刀割橫線分格，簡
　　　首有「驛馬騂一匹」五字，以下八格各有墨色濃淡不同，
　　　應非同時所書的符號（圖13.1 A33）。我們可以推想此簡原
　　　本屬於某管理驛馬的單位某種簿冊的一枚，羅列所掌驛馬
　　　某某若干匹，又因某種登記需要，逐次畫上橫劃符號。[72]

---

71 因此候官遺址會出現郵書課或某課之類以及都尉府向候官追查某事記錄不符的文
　　書。

72 據張俊民論文徵引的資料，敦煌懸泉置有關於傳馬日作，一橫一豎筆的記號簡
　　（IIT01145：25、IIT01145：39），其上有傳馬的名字，形式和本簡相類，另有一橫
　　一豎再加一橫呈「工」字形和僅一橫的，可供參考。參氏著，〈懸泉漢簡馬匹問題
　　研究〉，《敦煌懸泉置出土文書研究》（蘭州：讀者出版傳媒有限公司、甘肅教育出
　　版社，2015），頁328。

　今塵集：秦漢時代的簡牘、畫像與文化流播
　　　　　　——卷一　古代文化的上下及中外流播

(2) 簡 129.1 有類似的刀割橫線分格，應該是供某種登記用的空簡（圖 13.2 A8）。簡 27.8、27.12、61.7＋286.29（圖 13.3-5 A8）格式和筆跡幾乎一致，原本應是隧卒治塹、除土的工作登記表。單位、隧卒名以及「治塹八十」、「除土」都已分格先寫好備用。使用者僅須在格中打勾即可。邊塞吏卒有十日一休之制，因此完整的一支「日作」簡上分成可供打勾的九格。[73]

(3) 簡 181.6+181.16（圖 13.6 A33）於簡首有「韓並」二字，其下是六個幾乎等距但墨色有淡有濃的「作」字，簡殘長 19.9 公分，其下應還有殘損的部分才能湊足一支簡的長度，因此還可能有殘去的「作」字。由書寫的格式看，這原本可能是一長串以姓名起首的登記冊；一支簡寫一人，其後逐次登記他完成了某種工作。簡 178.12（圖 13.7 A8）簡首有「王同」二字，其下有六道橫向刀刻痕，尚空白未填，其功能應類似。據同在破城子出土的簡 EPT43.103，王同可能是一名部卒。部塞必然有轄下各部隧人員的名單，因此可先抄製以人名為首的「表格」，再發交各部隧去使用。簡 227.4 是一件過去未曾刊布有分格墨線的削衣，上部有殘（圖 13.8），已無法知道上部是否原有人名，暫歸此類。簡首有人名及分格較明確的空簡還見於敦煌馬圈灣

---

73 這類工作記錄更多和較完整復原的例子請參 Michael Loewe, *Records of Han Administration*（London: Cambridge, 1967）；魯惟一著，于振波、車今花中譯，《漢代行政記錄》（桂林：廣西師範大學出版社，2005），圖版 1、5、40；張德芳，《敦煌馬圈灣漢簡集釋》（蘭州：甘肅文化出版社，2013），簡 1027-1032；邢義田，〈漢代邊塞軍隊的給假、休沐與功勞制〉，《治國安邦》，頁 572-584。

遺址（圖 13.9）。[74]

(4) 簡 219.15（圖 13.10 A33）關乎日迹，只有自右至左分欄排列的干支和日期。我認為這可能是供日迹使用較原始的逐日登記表。該日工作畢，僅須在表下打勾。此簡不全，其上原或有某隧卒或隧長的名字。另一種稍不同的日迹登記表並已打勾作記號的，見簡 EPT56：289、EPT56：290、EPT56：307（圖 13.11 A8）。

(5) 簡 43.11 按時刻記錄了某年「八月三日丁未，日餔時，表二通」（圖 13.12 A32）。這類按「時」登記的烽火和郵遞簡太多，不贅舉。

(6) 魯惟一（Michael Loewe）曾復原不少居延出土的文書簿冊，其中有些即屬本文所說的基本登記冊或永田所說的「原始記錄」。這裡僅舉魯惟一復原的一例（圖 14.1-2），包括十五枚全出自瓦因托尼（A10）遺址的殘簡。他指出它們的特色是：「以表格形式填寫的一份文書的片斷，但是由於簡的標題是以干支名稱表示的日期，因此這份文書的確切性質還不能斷定。這些簡大概記錄了不同單位分得或消費庫存物品的情況。……這些簡上橫向登記的各行可能代表庫存物品逐次發放或使用的情況。」[75]他說這些簡是以表格形式，逐次登記形成，十分正確。簡首僅以干支為序，其後僅見一至六道不等的橫劃，這應是以橫向筆劃代替文字，最簡

---

74 敦煌馬圈灣簡 1199 簡首有人名，其下有橫向刀切痕分格，尚待填寫。參張德芳，《敦煌馬圈灣漢簡集釋》，頁 358。

75 Michael Loewe, *Records of Han Administration*, p. 313; 中譯本，頁 415。

今塵集：秦漢時代的簡牘、畫像與文化流播
——卷一 古代文化的上下及中外流播

單的登記方式。登記什麼?單據橫劃,現在已難以知道,但在當時成冊存在,應該有標題簡或木楬標示,是清楚的。[76]

永田英正主張簿籍和文書主要在候官和部製作,但是他也曾指出有些原始記錄是在隧中製成,例如郵件傳遞(圖 13.13-16)。他在集成破城子出土簡時,於「郵件傳遞簿」項下分 a、b 兩組。他明確地說:「例如,a1 所記錄的是,執胡隧的卒首先從不侵隧的卒那兒接受了郵件,然後又將郵件遞交給了誠北隧的卒(圖 13.13)。因此,**這一枚簡應該是在執胡隧作成的傳遞記錄**。但是 b1 所記錄的內容與 a1 有所不同,b1 所記錄的是,郵件從卅井隧到臨木隧,再從臨木隧到當曲隧,然後再從當曲隧到收降隧(圖 13.14),經過了幾站的轉送才被送到最後目的地。……在這種情況下,中轉站雖然有臨木隧和當曲隧兩處,**但這一傳遞記錄應該是在當曲隧作成的**,並且應該是當曲隧基於臨木隧的中轉記錄(如 a1 那樣的記錄)之上作成的。」[77]他所提到的執胡隧和當曲隧都僅是普通的隧,不曾出現同名的部。由此可見,永田清楚意識到記錄有層次,指出某些記錄可成為其他記錄的基礎。這樣的看法比較切合證據。郵件傳遞既

---

76 于豪亮認為這些橫劃是籌算的記數號碼,見〈居延漢簡校釋〉,《于豪亮學術文存》,頁 210。但簡 275.14(附圖 14.2)的橫劃有多達六道的(于文引此簡僅摹寫了五道),如為籌算數碼,應如他所舉簡 10.18 之例,作⊥而非六道橫向筆劃。籌算記數號一說仍有商榷餘地。除了橫劃,也有畫圓圈者、或橫劃和圓圈合用,其例見湖南里耶秦簡,請參鄭曙斌、張春龍、宋少華、黃樸華編著,《湖南出土簡牘選編》(長沙:岳麓書社,2013),頁 99-100 圖版及釋文;釋文另可參里耶秦簡牘校釋小組,〈新見里耶秦簡牘資料選校(二)〉,《簡帛》,第十輯(上海:上海古籍出版社,2015),頁 189-193。

77 永田,前引書,頁 104;中譯本,頁 82-83。

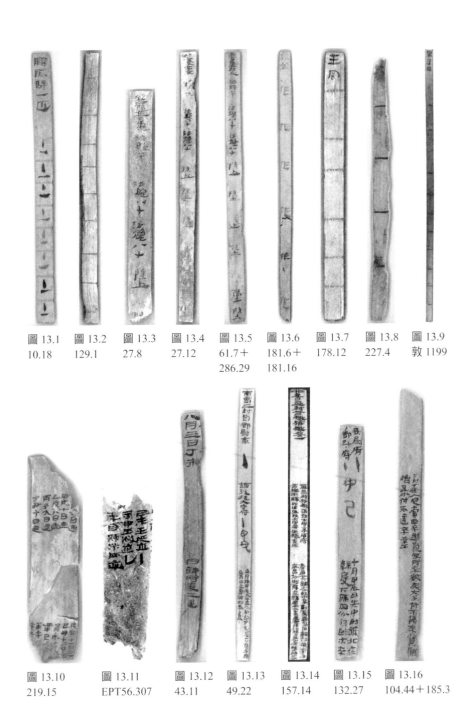

| 圖 13.1 | 圖 13.2 | 圖 13.3 | 圖 13.4 | 圖 13.5 | 圖 13.6 | 圖 13.7 | 圖 13.8 | 圖 13.9 |
|---------|---------|---------|---------|---------|---------|---------|---------|---------|
| 10.18 | 129.1 | 27.8 | 27.12 | 61.7＋<br>286.29 | 181.6＋<br>181.16 | 178.12 | 227.4 | 敦 1199 |

| 圖 13.10 | 圖 13.11 | 圖 13.12 | 圖 13.13 | 圖 13.14 | 圖 13.15 | 圖 13.16 |
|----------|----------|----------|----------|----------|----------|----------|
| 219.15 | EPT56.307 | 43.11 | 49.22 | 157.14 | 132.27 | 104.44＋185.3 |

今塵集：秦漢時代的簡牘、畫像與文化流播
——卷一　古代文化的上下及中外流播

Plate 40

W 1

INCHES |_____|__1__|__2__|    | 2 | 3 | 4 | 5 | CENTIMETRES

15   14   13   12   11   10   9   8   7   6   5   4   3   2   1

原簡號

(1)273.17    (2)308.39    (3)308.13    (4)148.11    (5)148.29
(6)88.21    (7)148.49    (8)148.39    (9)88.15    (10)555.17
(11)534.27    (12)148.7    (13)148.50    (14)273.15    (15)275.14

圖 14.1    採自 Michael Loewe, plate 40, W1。

圖 14.2
275.14

然是在隧中作成，其他烽火、日作（除土、治塹、伐茭……）、日迹等等何嘗不然？

　　永田雖主張傳遞記錄在隧中作成，不過他十分懷疑是由隧中人員如隧長所作。他和冨谷一樣懷疑「隧長是否都具有文字書寫能力」。永田在其大作《居延漢簡研究》第三章提出了以下重要的看法：

(1) 難以想像設置在邊境的數十、數百隧的隧長都與內郡的吏一樣能書能寫；

(2) 候史記錄隧的每日工作，一方面是由隧卒每天向候史報告，另一方面一個部的多名候史也出巡所轄的五、六個隧，從事記錄。因隧間距離約一千六百至二千公尺，部不論設在何處，各隧都應在他一天往返的範圍內；[78]

(3) 各種簿籍都有固定的書寫格式，專業的書記官（專門の書記）才可能勝任，隧長即便有書寫能力，也難有能力去遵循統一的格式；因此不得不考慮隧的記錄是由候的候史來擔當。

　　關於第(1)和第(2)點，前文已曾討論。這裡再就第(1)點作些補充。居延邊塞的隧長確實如永田指出，基本上多是居延當地的人，可以想見他們在邊塞的環境下，的確無法像內郡的吏，受到同樣的文書教育而有同樣良好的書寫能力。不過，有一個現象值得注意，也就是他們不像內郡來的戍卒服役一年即罷歸，往往任職數年，有些甚至一生皆在軍中。這類例子不少。[79]例如王莽年間，居延萬歲

---

78　永田英正，前引書，頁 370-371；中譯本，頁 293-294。

79　可參李振宏、孫英民，《居延漢簡人名編年》（北京：中國社會科學出版社，

里的第十四隧長馮彊，在始建國天鳳五年升為甲溝候官尉史（EPF22.439）。他到底幹了多久雖不清楚，但能由隧長升任為候官的尉史，應頗經歷了一段時間。他在任職的過程裡一邊工作，一邊學習，不僅可能由不知書變成「能書」，也應曾取得「史」的資格，才比較可能出任必然需要處理文書如候官尉史這樣的職位。不論來自內郡或邊郡，另外某些戍卒並沒有一年即役罷返鄉，由卒、隧長，步步爬升至候史、士吏種種職位，王莽時代前後的王褒就是一個由隧卒而為士吏的例子。[80]即便不升，一位隧長只要任職多年，由於職務上需要和有學習的機會，多多少少也會有些閱讀和書寫的基本能力。過去的研究忽略了軍中教育這一環，以致低估了隧長、隧、鄣或戍卒等在入伍後素質上可能有的改變。他們有些有機會從「不知尺籍伍符」變成能書，甚至會計、頗知律令。

接著要談談第(3)點。是否因為簿籍和文書有固定的書寫格式，因此只有「專業的書記官」才能勝任？漢邊的文書和簿籍種類繁多，格式多樣，熟悉漢簡文書的學者應都有同感，並深切認識到要完全掌握其種類和樣式，實非易事。因此認為只有專業的書記官才能勝任，是頗為自然的一種看法。

---

1997），例如敦煌人周育，頁 330。其他籍屬居延、觻得等邊地由卒、隧長步步升遷的人很多，不一一列舉。另可參于振波對隧長、候官地域構成的分析，《簡牘與秦漢社會》（長沙：湖南大學出版社，2012），頁 74-92。

80　李振宏、孫英民，《居延漢簡人名編年》，頁 325-327。《居延漢簡人名編年》書中還有其他的例子，例如魏郡鄴東武成里的隧卒馬病已（頁 4-5）、東郡臨邑呂里的戍卒王廣（頁 12-15）、潁川長祝自建里的隧長李廣（頁 25）、河內蕩陰軒里的隧長侯得（頁 67）、來自洛陽的甲渠尉史公乘李充（頁 98）、東郡清西成里的戍卒〔驪〕毋害（頁 137）、河東皮氏某里的候史王殷昌（頁 338）、魏郡鄴東利里戍卒張敞（頁 342）。

不過也許需要再想想，今天我們會感到漢代文書類別和樣式不易掌握，是因為在千百年後僅有斷簡殘篇可以依據，想要重建它們的原貌或全貌，自然感到困難重重。再者，今天的研究者企圖掌握的是邊塞文書行政的「整體」或「全體」，和當時邊塞不同層級的吏所面對的「局部」，應有相當「感覺上」和「事實上」的差距。也就是說，當我們想要掌握全體，線索卻片斷零碎，自然而然感覺其錯綜複雜，頭緒紛然，不易掌握。對當時不同層級的邊吏來說，他們要處理或面對的事實上僅是文書行政中的某一小部分，其文書樣式和作業程序又多慣常熟悉，他們的感覺和我們必然很不相同。

其次，隨著戰國以來，秦漢官僚行政體制的發展，或許正因為行政文書種類和程序日趨繁雜，格式日益多樣，種種克服困難和提升效率的機制也就因應需要而逐漸產生，其中之一就是文書範本──「式」的出現。湖北雲夢睡虎地秦代地方小吏墓中出土的《封診式》和湖南里耶秦簡中存在的各種式就是明證。漢代居延和敦煌簡、新刊布的《金關簡》中也都有不少式，[81]足以證明文書範本在漢代邊塞確實普遍存在。我以前在討論文書式時，已指出式存在的意義即在於文書的規格化、文書作業程序的效率化和學習、處理文書的便利化。[82]正因為文書和簿籍有所謂的「式」或今天所說的固定格式，一般的吏甚至書寫能力不足的，才得以較快速有效地去學習和進入文書工作的行列，使「遵循統一格式」一事變得並不像以前許多學者想像的那麼困難。過去的研究幾乎完全沒注意文書式或

---

81　例如《金關簡》73EJT11.19、73EJT21.255、73EJT37.485AB、73EJT37.905AB。唯《額簡》無例可考。

82　邢義田，〈從簡牘看漢代的行政文書範本──「式」〉，《治國安邦》，頁450-472。

範本對訓練文書吏的作用，難免容易高估了遵循統一格式的困難度。

迫於文書行政的需要和「能書」者的缺乏，邊塞軍隊應曾有意地去教育原本目不識丁的服役者，又設計出各種文書範本，因而不少本來不識字的兵卒或隧長，在軍務之餘有機會學習寫字，從「不能書」變成「能書毋它能」、「能書」或「頗能書」，又借助範本而可較為快速有效地掌握文書和簿籍編寫的格式，從「不史」變成「史」。已有不少案例可以證明有些戍卒、隧卒的確變成了隧長，又有些隧長步步升遷到非處理文書不可的較高級職位。

總之，不同層級文武吏所要學習和掌握的文書種類和格式繁雜的程度，可想而知，不必相同。大約是越基層越簡單，越高層越繁雜多樣。最基層的隧所要面對的

圖16　EPT52.33

圖15　敦 T.iv.b.iii.3（1557）

文書十分有限，種類少，格式也較簡單，相對而言，學習起來也簡單得多。因此，如果從當時一名隧長的角度去看，他要承擔的文書工作很可能並不像我們今天感受的那般沉重和不可想像。某些寫明「以隧次」傳送的文件，或重要如要求吏民盡知的詔書、律令、烽火品約等等以隧為下傳末端，而某些較簡單基本，涉及隧日常工作的記錄（烽火、郵傳、日迹、日作……）和隧中人員私人事務（求醫、財務處理……），在隧中人員如隧長有書寫能力的情況下，由隧長書

寫上報，也就不是不可能。

關於烽火品約下傳到隧需要作些補充。目前較明確的證據見於敦煌簡：「扁書亭、隧顯處，令盡諷誦知之。精候望，即有蓬火，亭、隧回度舉，毋必」（圖15）。[83]此簡內容不全，「回度舉」三字清晰，意義待考，但稍查有類似「諷誦知之」之語的其他文書簡，[84]以及此簡後半提到「候望」和「烽火」，不難推知要「扁書亭、隧顯處」的應是烽火品約。烽火品約不僅下傳到亭、隧，還要在亭、隧大家容易看到的地方懸掛起來或如懸泉置的「月令詔條」一般，抄寫在粉白的牆上，便於隨時諷誦或查看。甲渠候官遺址出土的烽火品約簡有長達一尺六寸或 38.5 公分者（EPF16.1-17）。這超乎一般文書簡 23 公分的長度，很值得特別注意。為何如此？我猜測這和文件的性質、重要性都有關，此外也多少應該和便於懸掛、易於觀看查閱和誦讀有關。[85]寫在牆上的月令詔條通高 48 公分，長 222 公分，遠大於一般文件，用意也應該在於展示和便於閱看。[86]邊塞人

---

83　參 The International Dunhuang Project 網：http://idp.bl.uk/idp.a4d，原簡 T.vi.b.iii.3 照片；甘肅省文物考古研究所編，《敦煌漢簡》（北京：中華書局，1991），簡 1557；大庭脩，《大英圖書館藏敦煌漢簡》（東京：同朋舍，1990），簡 19。

84　例如《敦煌漢簡》1226：「□中乘塞烽隧吏卒諷誦烽火品約具烽垛不知」，EPT52.33：「☑☑卒諷讀烽火品約第十七候長勝客第廿三☑」（圖16）。

85　角谷常子據《商君書》有「尺六寸之符」的記載，認為烽火品約有一尺六寸或 38.5公分的長度是因為約、券和符都具有一種雙方約定的性質，因此有類似的長度。參前引角谷常子編，〈木簡使用の變遷と意味〉，《東アジア木簡學のために》，頁9-10；中譯本，〈木簡使用的變遷與意義〉，《東亞木簡學的構建》，頁 8。胡平生則認為簡的長度和重要性有關。參胡平生、馬月華校注，《簡牘檢署考校注》（上海：上海古籍出版社，2004），〈導言〉，頁 1-39。

86　中國文物研究所、甘肅省文物考古研究所，《敦煌懸泉月令詔條》（北京：中華書局，2001），頁 39。

　今塵集：秦漢時代的簡牘、畫像與文化流播
　　　——卷一　古代文化的上下及中外流播

員是否認真去查看或遵照，當然是另一回事。

## 四 暫時的小結

　　總結而言，如果以上所說可以成立，未嘗不可視隧為一部分文書上報和下傳的最末端。不同的文書可因其內容、目的、對象和等級而有不同的最末端，今天各國政府的行政文書大概仍然如此。因此我們要討論的問題並不是所有文書的最末端，而是隧作為邊塞最底層的單位，是否也曾收發和處理會到達隧這一層的文書？

　　據目前所知而言，從西漢中期至東漢初期，居延和敦煌邊塞大部分文書的制度性最末端，仍不妨暫時假設在部，但是某些文件例如詔書、律令、烽火品約和明白說「某隧寫傳至某隧」（例如敦 T.vi. b.ii.7 或敦 1684B）或「某隧寫傳……以（隧）次行」的（例如敦 T.iii.1 或敦 1540、金關簡 73EJT27: 46），應會制度性或原則性地傳達或經過隧，而隧也被設想有能力去抄謄；如果沒有，要求隧以次「寫傳」豈不是空話？由此而推，隧在相當程度上應有能力自行記錄最基本的日常工作，書寫私信，處理一部分過往文書、報告等等。

　　此外，隧中人員，例如隧長，需要學習基本的書和算並加考課、記錄，應可證明當時主掌邊防大計者，應曾期待隧成為有能力處理基本文書的單位，賦予隧長獨立行文的資格和權力。文書範本、字書和習書、習算的簡、觚、削衣散見於居延、敦煌各遺址，表明漢代邊塞即使不是長期，最少也曾在某些時期，企圖提升士卒或最少隧長的識字和算術能力，其目標或即在於以隧為文書常態或制度性的最末端。

其成果如何？因為目前一般烽隧遺址的調查雖多，正式發掘尚少，[87]我們的認識受到局限，還無法充分評估。一個較為明確的事實是：以目前調查可考的居延和敦煌烽隧遺址為例，曾出土或採集到一枚至百餘枚簡牘的烽隧為數不少，其中很多從規模看，僅是一般的隧。[88]儘管如此，我們仍不可假設隧中人員都能書或算，因此在部、隧之間，就實況而言，可能存在著依據隧中人員識字和文書能力而調整文書末端的兩可模糊地帶，要弄清這個兩可模糊地帶，需要更多隧遺址的發掘和更多隧簡的出土。

　　最後，我們也應該考慮到：為了文書行政所需，當時有權安排各烽隧人力的單位例如都尉府、候官，應會在可能範圍內，盡可能**均衡地**調派「史」、「能書」或僅略知書寫的人到不同的隧去，而盡量避免某一個或某些隧全由無法書寫和閱讀能力的人組成。這是為什麼會有「能書」、「能書毋它能」、「頗能書」、「能書、會計、頗知律令」和「史」或「不史」記錄存在的一個理由。在破城子A8甲渠候官遺址曾出土以下兩簡：

1.　・右史（38.12 圖 17）

2.　・右史（38.41A 圖 18.1-2）

　　這兩簡過去很少有人注意。唯有永田英正的居延漢簡集成將之

---

87　調查和發掘情況可參甘肅省文物工作隊，〈額濟納河下游漢代烽燧遺址調查報告〉，《漢簡研究文集》（蘭州：甘肅人民 出版社，1984），頁 62-84；甘肅省文物局編，岳邦湖、鍾聖祖著，《疏勒河流域漢代長城考察報告》（北京：文物出版社，2001）；吳礽驤，《河西漢塞調查與研究》（北京：文物出版社，2005）。

88　參文後附錄表三「額濟納河流域邊塞遺址出土簡牘表」、表四「敦煌至金塔邊塞遺址出土簡牘表」。

歸入簿籍標題以外的「‧右」類，[89]《合校》曾改釋為「‧右夬」。勞榦、《甲編》和《甲乙編》都釋作「右史」，《居延漢簡（壹）》據較清晰的紅外線照片改從舊釋作「‧右史」，[90]並更正了勞釋編號的錯誤（勞釋誤 38.41 為 38.14）。簡 38.12 下端明顯殘斷，原應與簡 38.41 一樣是在簡頂書字的長簡。這兩簡簡頭有墨點，無疑是某種簿籍總計性的標題簡，這裡所謂的「史」不可能指職官如尉史、令史的史或秩級佐史的史。因為職官名稱為某某史的

圖 17 38.12

圖 18.1-2
38.41 及局部

太多，單單用一個史字作標題，將無法區別，必生混亂。唯一意義明確的單一史字，只能指「史」或「不史」的史，所總計的應該是某或某些單位符合「史」資格者的名單。如果「史」有名單，那麼「能書」者也可能曾有名單。[91]

---

89　永田英正，《居延漢簡の研究》，頁 76-79；中譯本，頁 62-63。

90　按漢簡「史」字常書作「夬」，明顯例證見甘肅簡牘博物館等編，《地灣漢簡》（上海：中西書局，2017）簡 86EDHT：27。又參廣瀨薰雄，〈秦簡文字夬史辨——兼論里耶秦簡中所見的「言夬」〉，《中國文字學會第七屆學術年會會議論文集》（吉林大學，2013 年 9 月 21-22 日）；陳偉，〈里耶秦簡中的「夬」〉，武漢大學簡帛研究中心簡帛網 2013 年 9 月 26 日檢索；董珊也指出隸書「夬」與「史」常常混用。參董珊，〈樂從堂藏銅馬式考〉，《出土文獻與古文字研究》，第七輯（上海：上海古籍出版社，2018），頁 260 注 2。

91　《敦煌漢簡》有類似的標題簡「‧右部有能者名」（簡 808）。所謂「有能者」有兩個可能：一指考課被評為「能」的人；二是「能」之後或漏書一「書」字，原作「右部有能書者名」，是某部能書者的名單或名籍。何者為是，無從確知，姑錄備考。張德芳在《敦煌馬圈灣漢簡集釋》（蘭州：甘肅文化出版社，2013，頁 586）

換言之，從這些蛛絲馬跡看，候官對所屬人員誰夠格為「史」或「能書」，曾專門列管，明確掌握。因為必需要有這樣的記錄並且經常核實，才可能適當地調派史或能書者到有書寫文書需要的隧去。如果調度上有可能使絕大部分三、五人的隧中至少有一人能讀寫，甚至能計算，則某一時期以隧為文書制度性最末端的可能性就不能排除。居延簡中存在著某些隧長調任為另一隧隧長的記錄。[92]他們為何調任平行職務？和能書不能書、史不史有無關係？目前資料和研究都不夠，值得今後關注。另外某些隧還存在所謂的助吏。他們的地位和角色迄今不明，和協助隧中文書是否有關？也有待今後有更多材料才能弄清楚。[93]

　　總結而言，過去的研究幾乎都偏重邊塞的組織結構、文書簿籍的內容、格式、作業和傳送程序，疏忽了與行政無關，卻與讀寫能力密切相關，大量典籍的存在，沒有考慮軍中教育和文書範本的作用，無視書法成熟與否具有的不同意義，也完全不注意前述顯而易見的人力調派技巧，因而低估了邊隧人員的素質，人員因學習而可能有的素質變化，和在「能書」者不足的情況下，以行政技巧儘量維持隧成為某些文書處理末端的可能性。本文從這幾方面重新評估，結論有所不同。是否得當，幸大雅垂教焉。

---

中提出另一種解釋，指能者為羅列有特殊專長的人員名單，如簡 270 的某人「能為梟履」。此亦可為一說。果如此，能書者或亦在名單之中。能書在當時應可算是一種特殊專長吧。

92　例如居延簡 225.11、73EJT2：17、73EPT48：21、73EPT51：63、73EPT65：95、73EPT65：335。

93　參前注 67。

# 後記

　　本文寫作過程中，胡平生、侯旭東兄和劉欣寧博士曾指正錯誤並賜予寶貴意見，謹此致謝。唯文中一切錯誤，概由作者自行負責。又侯旭東在復原和集成若干長沙走馬樓三國吳簡冊後，曾得出一個重要的結論：三國吳的某鄉某里吏民人名年紀口食簿是由鄉、里合作完成，「里吏出力最多」，「『里』無法製作文書的說法，不盡準確。」（侯旭東，《近觀中古史：侯旭東自選集》，上海：中西書局，2015，頁 139）三國時代江南的吳和西漢中至東漢初期的西北邊塞，時空懸隔。不過，如果吳國基層的里吏有能力製作文書，對我們評估漢代邊塞基層的隧長是否處理文書，無疑具有啟示性，敬請讀者參考。又不久前劉欣寧以漢代「傳」的作業程序為例，指出里民戶籍的姓名、爵位或賦役身分的登錄是由里正執行（參劉欣寧，〈漢代「傳」中的父老與里正〉，《早期中國史研究》，8 卷 2 期（2016），頁 53-78）。既云登錄，里正似應具相當程度的書寫能力才是。這一意見可與侯旭東的意見相參照。本文初稿成於三年前，修訂於民國 105 上半年，下半年得見《肩水金關漢簡（伍）》，其中又有相關資料，目前僅作了部分補充，進一步訂補有待來日。

103.7.20/107.8. 21

## 表 3 額濟納河流域邊塞遺址出土簡牘表

| | 遺址編號 | 遺址殘存規模 | 發掘年代 | 推定部隧名 | 簡數及相關物品 | 備註 |
|---|---|---|---|---|---|---|
| 1 | A1 宗間阿瑪 | 31×32 （公尺，下同） | 1930 | 殄北候官？ | 貝格曼報告出土簡約 50 枚、封檢 4 件 | 出土於 A1 第二地點，《甲乙編》著錄 63 枚 |
| 2 | A2 察汗松治 | Watch-tower 烽台 12×18 | 1930 | 第三十五隧 | 簡 6 枚，牘 1 枚，有字封檢、無字封檢各 1 件 | 《甲乙編》著錄 20 枚 |
| 3 | A3 | Watch-tower 烽台 土堆直徑 20 | 1930 | | 簡 4 枚、毛筆頭及殘筆桿底一件 | |
| 4 | A6 | Watch-tower 烽台 大小不明 | 1930 | 第十六隧（《甲乙編》） | 簡 6 枚、殘封泥及殘繩一件，封泥文字為「Ts'ing Yen Cha yin」 | 封泥無圖版《甲乙編》釋作「徐嚴私印」 |
| 5 | A7 | Watch-tower 烽台 大小不明 | 1930 | | 簡 9 枚，有字封檢 2 件 | 《甲乙編》著錄 10 枚，封檢上有「甲渠官」、「甲渠部候」字樣 |
| 6 | A8 破城子 | Fort 障 39×41 | 1930 1974 | 甲渠候官 | 1930 簡 5216 枚毛筆 1 件、帛書 2 件 1974 簡 7000 餘枚 | |
| 7 | P1 | Watch-tower 烽台 7.7×8 塢 21×15.2 | 1930 1974 | 第四隧（部） | 1930 簡 1 枚 1974 簡 ↓95 枚 | |
| 8 | A9 | Watch-tower 烽台 大小不明 | 1930 | | 簡 1 枚 | |

| | 遺址編號 | 遺址殘存規模 | 發掘年代 | 推定部隧名 | 簡數及相關物品 | 備註 |
|---|---|---|---|---|---|---|
| 9 | A10 瓦因托尼 | Watch-station 城圈 6.5×6.5 | 1930 | 通澤第二亭？ | 簡 267 枚，其中完整素簡 1 枚，東漢，東漢紙 1 張，帶皮套書刀 1 件 | |
| 10 | A14 | Watch-tower 烽台 土堆直徑約 20 | 1930 | | 簡 7 枚 | 《甲乙編》著錄 8 枚 |
| 11 | A16 馬民烏蘇 | House 5.5x3.5 | 1930 | | 簡 7 枚，其中完整素簡 1 枚 | 《甲乙編》著錄 5 枚 |
| 12 | A18 摩洛松治 | Watch-tower 烽台 大小不明 | 1930 | | 簡 6 枚 | 《甲乙編》著錄 8 枚 |
| 13 | P8 察勉庫篤克 | 烽台基座 11×9 塢壁 13×18 | 1930 | 卻胡亭？ | 簡 3 枚，有字封檢 1 件 | 封檢有卻胡亭名稱 |
| 14 | P9 博羅松治 | 30×30（遺址多數，僅計一最大處） | 1930 | 卅井候官 | 簡約 350 枚 | |
| 15 | P11 | Watch-tower 大小不明 | 1930 | | 簡 4 枚 | 《甲乙編》未著錄 |
| 16 | A21 | 烽台基座 7×7 坍土圓墩 25×32 | 1930 | | 第 2 地點簡 125 枚，第 1、3 地點若干，木印「馮建私印」1 枚 | 《甲乙編》據「標記冊」著錄簡 250 枚，其中完整素竹簡 1 枚 |
| 17 | A22 布肯托尼 | 烽台坍土圓墩 24×28 房址 3.3×1.8 | 1930 | | 第 1 地點簡 50 枚 第 2、4 地點若干 | 《甲乙編》據「標記冊」應有出土簡 83 枚 |

| | 遺址編號 | 遺址殘存規模 | 發掘年代 | 推定部隧名 | 簡數及相關物品 | 備註 |
|---|---|---|---|---|---|---|
| 18 | A25 庫庫烏拉 | Watch-tower 烽台 大小不明 | 1930 | | 簡 8 枚 | 《甲乙編》著錄 7 枚 |
| 19 | A27 查科爾帖 | 烽台基座寬約 5.5 | 1930 1942 | | 1930 永元器物簿及其他簡共 90 枚 1942 紙一張 | 《甲乙編》著錄 93 枚 |
| 20 | A28 察汗多可 | Watch-tower 烽台 大小不明 | 1930 | | 簡 2 枚，觚 2 件 | |
| 21 | A29 白墩子南 | Watch-tower 烽台 大小不明 | 1930 | | 許多簡 | 《甲乙編》著錄 28 枚 |
| 22 | A31 | Watch-tower 烽台 大小不明 | 1930 | | 簡 1 枚 | 《甲乙編》未著錄 |
| 23 | A32 金關 | 10×10 （遺址多數，僅計一最大處） | 1930 1973 | | 1930 簡 850 餘枚 1973 簡 10000 餘枚 | 1930 簡分出土於五個地點 |
| 24 | A33 地灣 | 22.5×22.5 | 1930 1986 | 肩水候官 | 簡 2000 餘枚 帛書 3 件 有字紙 1 件 殘筆 1 件 | 簡帛紙出土於數個地點 簡 1000 餘枚，尚待公布 |
| 25 | P12 | Watch-tower 烽台 大小不明 | 1930 | | 簡 2 枚 有字楬 1 枚 | 《甲乙編》著錄 1 枚 |

| | 遺址編號 | 遺址殘存規模 | 發掘年代 | 推定部隧名 | 簡數及相關物品 | 備註 |
|---|---|---|---|---|---|---|
| 26 | A35 大灣城 | 350×250 | 1930 | 驛馬田官？肩水都尉府？ | 簡 1500 餘枚 | 簡出土於數個地點 吳礽驤推定為肩水都尉府 |
| 27 | A36 阿克德察汗 | Watch-tower 烽台基座 6.5×6.5 | 1930 | | 簡 5 枚 | |
| 28 | A37 舊屯子 | Fort 障 43×40 | 1930 | | 簡 1 枚 | 《甲乙編》據「標記冊」著錄 1 枚 |
| 29 | A41 | Watch-tower 烽台 大小不明 | 1930 | | 有字木楬 1 件 | |
| 30 | A42 北大河 | Watch-tower 烽台 大小不明 | 1930 | | 簡 4 枚 | |
| 31 | A43 | Watch-tower 烽台基座 16×16 英尺 | 1930 | | 簡 14 枚 | 《甲乙編》未著錄 |

表 3 據 Bo Sommarström, *Archaeological researches in the Edsen-gol region Inner Mongolia*,《居延漢簡甲乙編》〈居延漢簡的出土地點與編號〉、〈額濟納河流域障隧述要〉編製。A33 地灣出土另據胡平生、李天虹,《長江流域出土簡牘與研究》(武漢：湖北教育出版社,2004),頁 44 增補。

## 表 4　敦煌至金塔邊塞遺址出土簡牘表

| | 遺址編號 | 遺址殘存規模 | 發掘或採集年代 | 推定隧名 | 簡數及相關物品 | 備註 |
|---|---|---|---|---|---|---|
| 1 | D22（T12a） | 8.2×6.2（公尺，下同） | 1907（斯坦因）<br><br>近年（年代未明言） | 廣漢隧、廣新隧（王莽） | 簡 16 枚毛筆、封泥匣<br>隧北側垃圾堆簡十餘枚 | D 為甘肅省文物考古研究所編號，<br>T 為斯坦因編號隧名據王國維推定 |
| 2 | D23（T12） | 4.5×4.8 | 1907（斯坦因） | 止奸隧？ | 簡若干，數目不明、毛筆、封泥匣 | 隧名據馬圈灣出土簡推定 |
| 3 | D24（T13） | 7.5×7.5 | 1907（斯坦因） | 當穀隧 | 簡十餘枚、漢文帛書二件 | 據王國維推定 |
| 4 | D25（T14） | 23.6×27.3 | 1907（斯坦因）<br><br>1944（夏鼐、閻文儒） | 玉門都尉府（西漢）玉門候官（東漢） | 簡近百枚、封泥匣<br><br>簡 4 枚 | 隧名據出土簡推定 |
| 5 | D26（T14a） | 8.3×7.3 | 1907（斯坦因） | | 簡若干，數目不明、「董褒印信」封泥一件 | |
| 6 | D27（T15a） | 全部倒塌，規模不明 | 1907（斯坦因） | | 簡一百餘枚、漢文帛書、封泥匣 | |

今塵集：秦漢時代的簡牘、畫像與文化流播
—— 卷一 古代文化的上下及中外流播

| | 遺址編號 | 遺址殘存規模 | 發掘或採集年代 | 推定隧名 | 簡數及相關物品 | 備註 |
|---|---|---|---|---|---|---|
| 7 | D30（T17） | 6.4×5.9 | 1907（斯坦因）1944（夏鼐、閻文儒） | | 簡若干，數目不明簡 38 枚 | |
| 8 | 大方盤城 | 134.8×18 | 1907（斯坦因） | 昌安倉？ | 簡 340 餘枚 | 名稱據馬圈灣出土簡推定 |
| 9 | D33（T19） | 6.0×6.1 | 1907（斯坦因） | | 簡若干，數目不明 | |
| 10 | D34（T20） | 6.3×5.5 | 1907（斯坦因） | 平望候長治所 | 簡十餘枚 | 隧名據《敦煌漢簡》簡 2126 推定 |
| 11 | D38（新發現） | 5.8×5.5 | 1981 | 平望候官 | 簡 76 枚 | 據出土簡內證 |
| 12 | D40（T22b） | 6.5×6.4 | 1907（斯坦因） | 青堆隧 | 簡 20 餘枚 | 隧名據王國維推定 |
| 13 | D41（T22c） | 6.5×3.7 | 1907（斯坦因） | 博望隧 | 簡 20 餘枚 | 隧名據 1981，D38 出土簡推定 |
| 14 | D42（T22d） | 5.3×6.9 | 1914（斯坦因） | | 簡十餘枚 | |
| 15 | D44（T22e） | 4.3×5.8 | 1914（斯坦因） | | 簡若干，數目不明 | |
| 16 | D45（T22f） | 4.9×4.9 | 1914（斯坦因） | | 簡數枚 | 有永元元年紀年簡 |
| 17 | D49（新發現） | 4.0×3.1 | ？ | | 簡若干，數目不明 | |
| 18 | D50（T23b） | 6.8×6.0 | 1914（斯坦因） | | 簡 1 枚 | |
| 19 | D51（T23c） | 4.5×3.9 | 1914（斯坦因） | | 簡十餘枚 | |

| | 遺址編號 | 遺址殘存規模 | 發掘或採集年代 | 推定隧名 | 簡數及相關物品 | 備註 |
|---|---|---|---|---|---|---|
| 20 | D54（T23f） | 3.8×3.5 | 1914（斯坦因） | | 簡若干，數目不明 | |
| 21 | D57（新發現） | 7.8×6.7 | 近年 | 破虜隧 | 簡 19 枚 | 隧名據《敦煌漢簡》簡 1272 推定 |
| 22 | D62（T231） | 5.6×6.4 | 1914（斯坦因） | 吞胡候官 | 簡 30 餘枚 | 隧名據出土簡推定 |
| 23 | D79（T28） | 5.6×6.0 | 1907（斯坦因） | 萬歲候官 | 簡 70 餘枚、封泥匣 | 隧名據出土簡推定 |
| 24 | D80（T27） | 5.35×7.42 | 1907（斯坦因） | 安漢隧 | 簡十餘枚，大量素簡、封檢 | 隧名據出土簡推定 |
| 25 | D82（T26） | 5.9×6.5 | 1907（斯坦因） | 顯武隧 | 簡 4 枚 | 隧名據王國維推定 |
| 26 | D83（新發現） | 6.6×6.2 | 1986-1988（敦煌市博物館） | | 簡 5 枚 | |
| 27 | D84（新發現） | 5.2×5.3 | 1986-1988（敦煌市博物館） | 步偷隧 | 簡 8 枚 | 隧名據《敦煌漢簡》簡 1256 推定 |
| 28 | D85（T14c） | 6.5×5.3 | 1979 | | 簡 4 枚 | |
| 29 | 懸泉置 | 50×50 | 1990-1992 | 懸泉置 | 簡 35000 餘枚 | |
| 30 | A1（T31） | 烽台 5.5×6.3 塢 9.6×11.8 | 1907（斯坦因） 近年 | | 木觚一件 簡 1 枚 | A 為甘肅省文物考古研究所編號，T 為斯坦因編號有永平十四年紀年簡 |

今塵集：秦漢時代的簡牘、畫像與文化流播
——卷一 古代文化的上下及中外流播

| | 遺址編號 | 遺址殘存規模 | 發掘或採集年代 | 推定隧名 | 簡數及相關物品 | 備註 |
|---|---|---|---|---|---|---|
| 31 | A4（T34） | 4.9×3.6 | 1907（斯坦因） | 利漢隧 | 簡若干，數目不明 | 隧名據王國維推定 |
| 32 | A69（T41f） | 7.5×7.5 | 1914（斯坦因） | | 簡1枚 | 《敦煌漢簡》簡2316 |
| 33 | A71（斯坦因未編號） | 烽隧坍塌，規模不明 | 1914（斯坦因） | | 簡2枚 | |
| 34 | Y19（T43a） | 烽隧坍塌，規模不明 | 1915（斯坦因） | 林中隧 | 簡3枚，封泥匣 | Y為甘肅省文物考古研究所編號，T為斯坦因編號隧名據《敦煌漢簡》簡2320推定 |
| 35 | Y25（T43g） | 烽隧坍塌，規模不明 | 1915（斯坦因） | | 簡4枚 | |
| 36 | Y26（T43h） | 規模不明 | 1915（斯坦因） | 萬年隧 | 簡20餘枚，莽錢 | 隧名據《敦煌漢簡》簡2326推定 |
| 37 | Y27（T43i） | 規模不明 | 1915（斯坦因） | | 簡39枚 | |
| 38 | Y28（T43j） | 7.5×7.2 | 1915（斯坦因） | | 簡24枚 | |
| 39 | Y29（T43k） | 烽隧大部坍塌，規模不明 | 1915（斯坦因） | | 簡20餘枚 | |
| 40 | Y32（T44a） | 9.7×9.7 | 1915（斯坦因） | | 簡8枚 | |

| | 遺址編號 | 遺址殘存規模 | 發掘或採集年代 | 推定隧名 | 簡數及相關物品 | 備註 |
|---|---|---|---|---|---|---|
| 41 | Y33（T44b） | 2.4×2.6 | 1915（斯坦因）<br><br>1977嘉峪關市文物保管所 | 禽寇隧 | 簡20餘枚<br><br>簡、削衣93枚素簡12枚、竹毛筆桿及筆套各一 | 隧名據出土郵書課<br>《敦煌漢簡》簡1448-1538、2395-2412 |
| 42 | J12（T46a） | 4.9×4.9 | 1915（斯坦因） | | 簡2枚 | J為甘肅省文物考古研究所編號 |
| 43 | J13（T46b） | 烽隧完全坍塌 | 1915（斯坦因） | | 簡2枚，素簡數枚 | |
| 44 | J20（T46i,貝格曼編號A42） | 4.8×5.3 | 1930（貝格曼） | | 簡5枚 | 有釋文者，居延簡86.12 |
| 45 | J22（T46j,貝格曼編號A41） | 3.0×3.0 | 1930（貝格曼） | | 有字木楬1件 | 居延簡354.4 |

表4 據吳礽驤《河西漢塞調查與研究》編製。

# 秦漢基層吏員的精神素養與教育
## 從居延牘 506.7（《吏》篇）說起（訂補稿）

　　長久以來，我十分關注秦漢基層吏員的品質，或者說養成教育的問題。[1]秦漢的統治者要求基層的吏員具有文字書寫、計算的能力，也知道依據國家的法令治理官民。居延和敦煌出土記錄吏卒功勞的簡上常見這樣的語句：某人「能書、會計、治官民頗知律令。」頗知律令應是形容他們治官理民的特色，這也是統治者對官僚吏員的一個基本要求。

　　如果查考文獻，可以發現所謂「治官民」的特色不僅是頗知律令而已。例如《史記‧儒林列傳》提到申公弟子為博士者十餘人，其中孔安國、周霸、夏寬等任太守、內史等職，「其治官民，皆有廉節，稱其好學」。有廉節和好學就是他們治理官民具有的特色。《漢書‧汲黯傳》謂汲黯「學黃老言，治官民好清靜，擇丞、史任之，責大指而已，不細苛。」「好清靜」、「責大指」和「不細苛」

---

1　邢義田，〈秦漢的律令學——兼論曹魏律博士的出現〉、〈雲夢秦簡簡介——附：對「為吏之道」及墓主喜職務性質的臆測〉，《秦漢史論稿》（臺北：東大圖書公司，1987），頁 247-316、493-504；〈漢代邊塞吏卒的軍中教育〉，《大陸雜誌》，87:3（1993），頁 1-3；〈允文允武——漢代官吏的一種典型〉，《中央研究院歷史語言研究所集刊》，75:2（2004），頁 223-282；〈漢代《蒼頡》、《急就》、八體和「史書」問題〉，收入李宗焜編，《古文字與古代史》，第二輯，頁 429-468。

也是指他治理的特色。換言之,「治官民」三字所指不限於過去一般印象中的「頗知律令」,它有時也可指廉節、好學、勤勞或清靜不苟等等為政的道德操守、精神特質或傾向。

果如此,秦漢時代如何培養官吏,尤其是構成官僚主體的刀筆吏或文武吏具有被期待的操守和精神呢?迄今知道的很少。依目前的材料看,睡虎地秦墓出土的《為吏之道》這一類簡篇,應該是重要的精神道德教材,並為漢朝所承襲。不過,不少學者認為睡虎地秦簡《為吏之道》是識字課本。雖然有人認為它同時也是學吏的道德教材,但繼續討論這個話題的不多。如今內容相近的秦漢簡篇已另有數批出土或刊布,被名之為《官箴》、《為吏治官及黔首》、《政事之常》或也被題名為《為吏之道》。[2]材料多了,已有條件拾起老話題,進一步作些討論。

這個話題,除了新資料,也有老資料。老資料中,曾有居延牘506.7引起注意。1993年魏啟鵬先生首先注意到它,作了校箋,並

---

2 湖南長沙岳麓書院收藏秦簡中有擬名為「官箴」或「為吏治官及黔首」的,參陳松長,〈岳麓書院所藏秦簡綜述〉,《文物》,3(2009),頁75-88;〈秦代官學讀本的又一個版本岳麓書院藏秦簡《為吏治官及黔首》略說〉,武漢大學簡帛研究中心《簡帛網》,(2009.9.26 檢索);朱漢民、陳松長主編,《岳麓書院藏秦簡(壹)》、《岳麓書院藏秦簡(壹)放大本》(上海:上海辭書出版社,2010)。近年北京大學出土文獻研究所報導,北大新獲秦簡中已整理出和睡虎地《為吏之道》簡內容基本相近的簡,也訂名為《為吏之道》,參〈北京大學新獲秦簡概述〉,《北京大學出土文獻研究所工作簡報》3(2010),頁3-4。此外,湖北江陵王家台秦墓出土的「政事之常」簡,內容也頗有與《為吏之道》相近者,唯性質有不同。參王明欽,〈王家台秦墓竹簡概述〉,收入艾蘭、邢文編,《新出簡帛研究》(北京:文物出版社,2004),頁39-42;胡平生,《長江流域出土簡牘與研究》(武漢:湖北教育出版社,2004),頁283-286。

命名為《愚吏》簡。[3]多年前史語所簡牘整理小組拍攝了 506.7 牘的紅外線照片並於 2003 年作了新釋文，但一直沒發表。2005 年，劉信芳先生重新校訂釋文，並更擬其名為《吏》篇。[4]這枚牘基本完好，分三行書寫，有字百餘（圖 1）。勞榦等前輩最早作出釋文（圖 2），其後《居延漢簡甲乙編》參酌其他材料，大幅改善了舊釋，而為《居延漢簡合校》所依從。以前我重新審視史語所所藏 1930 年代拍攝的反體照片、1989 至 1999 年間所攝的紅外線照片，參以原牘，感覺前後各家所釋，仍有可再斟酌之處，因此重作了一遍釋文。重作的新釋其實仍多不妥，現在根據 2015 年所作高解析度照片，大幅修正了過去的失誤。[5]以下再次釐定釋文，參酌其他資料，就精神素養、道德和識字教育的話題，略申拙見，就教先進。

---

3　魏啟鵬，〈居延《愚吏》簡校箋〉，收入李學勤主編，《簡帛研究》，第一輯（北京：法律出版社，1993），頁 212-214。

4　劉信芳，〈居延漢簡《吏》篇研究〉，《考古》，9（2005），頁 78-81。

5　劉嬌，〈居延漢簡所見六藝諸子類資料輯釋〉（《出土文獻與古文字研究》，第七輯，上海：上海古籍出版社，2018，頁 283）所引為我在會議中所宣讀較早期的釋文，頗多錯誤。請以本文所釋為準。

# 一 居延牘 506.7 釋文

506.7　　　反體　　2015
原牘照片　照片　　紅外線照片

圖 1

可得用事幸土所言出曰可上再為曰□□□□尤易□□□第上▼
之□□□且之等害不囗意賣錢治□石歛分穀意
□□邪懷作成□言事其近況諫□所詔意吏者私西舊學可▽
從昇石時自用諫之不縣者之不知示之不見舉之不肖亞報尖可指
□君大不可辭

（九三）吾六七

圖 2　506.7 勞榦
石印本釋文

今塵集：秦漢時代的簡牘、畫像與文化流播
——卷一　古代文化的上下及中外流播

## 表 1　簡 506.7 圖版及釋文對照表

| 原牘（左）、反體（中）及紅外線（右）照片 | 勞榦《居延漢簡》石印本 | 勞榦《居延漢簡》臺北本 | 馬先醒《居延漢簡新編》 | 《居延漢簡甲乙編》 | 《居延漢簡合校》 | 魏啟鵬 | 劉信芳 | 本文新釋 |
|---|---|---|---|---|---|---|---|---|
| 1. | 可得用事赤 | 可得用事赤 | 可得用事赤 | □所得用事者 | □所得用事者 | □所得用事者 | ・所得用吏者 | ・所謂臾（諛）吏者 |
| 2. | 土所言出曰可 | 土所言出曰可 | 土所言出曰可 | 上所言皆曰可 | 上所言皆曰可 | 上所言皆曰可 | 上所言皆曰可 | 上所言皆曰可 |
| 3. | 上再為曰□ | 上所為米母 | 上所為米毋 | 上所為皆曰善 | 上所為皆曰善 | 上所為皆曰善 | 上所為皆曰善 | 上所為皆曰善 |
| 4. | □□ □□ 尤易 | □□ □□ 尤易 | □□ □□ 尤易 | □□□ 伐為 | □□□ 伐為 | □□ □伐為 | □□ □伐為 | 以聽順從為故 |

| 原牘（左）、反體（中）及紅外線（右）照片 | 勞榦《居延漢簡》石印本 | 勞榦《居延漢簡》臺北本 | 馬先醒《居延漢簡新編》 | 《居延漢簡甲乙編》 | 《居延漢簡合校》 | 魏啟鵬 | 劉信芳 | 本文新釋 |
|---|---|---|---|---|---|---|---|---|
| 5. | □□□第上之□□□且之 | □□□第上之□□□且之 | □□□第上之□□懷 | 故陰上之所好而進之（陰、上二字間空格） | 故陰上之所好而進之（陰、上二字間空格） | 故陰上之所好而進之 | 故陰求上之所好而進之 | 陰求上之所好而進之 |
| 6. | 苟客不／ | 苟客不／ | 苟客不□ | 苟容而□ | 苟容而□ | 苟容而□ | 苟容而□ | 苟容而已 |
| 7. | ／ | ／ | 缺釋 | 所得備員史者 | 所得備員史者 | 所得備員史者 | ·所得備員吏者 | ·所謂備員吏者 |
| 8. | ／意賈錢治 | □意費錢治 | □意費錢治 | 方□員□ | 方□員□ | 方□員□ | 方□員□ | 安官貪祿 |

| 原牘（左）、反體（中）及紅外線（右）照片 | 勞榦《居延漢簡》石印本 | 勞榦《居延漢簡》臺北本 | 馬先醒《居延漢簡新編》 | 《居延漢簡甲乙編》 | 《居延漢簡合校》 | 魏啟鵬 | 劉信芳 | 本文新釋 |
|---|---|---|---|---|---|---|---|---|
| 9. | □石欲分穀 | □石欲分穀 | □石欲分穀 | □□私家不□公事 | □□私家不□公事 | □□私家不□公事 | □□私家不□公事 | 營於私家不務公事 |
| 10. | 意□□邪懷作成□ | 意□□邪懷作成□ | □□邪懷作成□ | 意□□桂耶懷作咸猏 | 意□□桂耶懷作咸猏 | 意□□□桂耶懷作咸猏 | 意□桂耶懷作咸狠 | 意在接（挾）耶（邪）懷詐臧（藏）能 |
| 11. | 言言其近況諒 | 言□其近況諒 | 言□其近況諒 | 容□與世沉浮 | 容□與世沉浮 | 容□與世沉浮 | 容容與世沉浮 | 容容與世沉浮 |
| 12. | □所謁意吏者 | □所謁意吏者 | □所謁意吏者 | 一所得愚吏者 | 一所得愚吏者 | 一所得愚吏者 | ・所得愚吏者 | ・所謂愚吏者 |

| 原牘（左）、反體（中）及紅外線（右）照片 | 勞榦《居延漢簡》石印本 | 勞榦《居延漢簡》臺北本 | 馬先醒《居延漢簡新編》 | 《居延漢簡甲乙編》 | 《居延漢簡合校》 | 魏啟鵬 | 劉信芳 | 本文新釋 |
|---|---|---|---|---|---|---|---|---|
| 13. | 私諸而羞學可 | 私諸而羞學可 | 私諸而羞學可 | 知淺而羞學問 | 知淺而羞學問 | 知淺而羞學問 | 知淺而羞學問 | 知淺而羞學問 |
| 14. | 位昇而時自用 | 位昇而時自用 | 位昇而時自用 | 位卑而好自用 | 位卑而好自用 | 位卑而好自用 | 位卑而好自用 | 位卑而好自用 |
| 15. | 諫之不驗者之不知 | 諫之不驗者之不知 | 諫之驗者之不知 | 諫之不駁告之不知 | 諫之不駁告之不知 | 諫之不駁告之不知 | 諫之不駁告之不知 | 諫之不聽告之不知 |
| 16. | 示之不見 | 示之不見 | 示之不見 | 示之不見 | 示之不見 | 示之不見 | 示之不見 | 示之不見 |

| 原牘（左）、反體（中）及紅外線（右）照片 | 勞榦《居延漢簡》石印本 | 勞榦《居延漢簡》臺北本 | 馬先醒《居延漢簡新編》 | 《居延漢簡甲乙編》 | 《居延漢簡合校》 | 魏啟鵬 | 劉信芳 | 本文新釋 |
|---|---|---|---|---|---|---|---|---|
| 17. | 舉之不省 | 舉之不省 | 舉之不省 | 教之不為 | 教之不為 | 教之不為 | 教之不為 | 教之不為 |
| 18. | 丞掾不可指 | 丞掾不可指 | 丞掾不可指 | 且積不可痛 | 且積不可痛 | 且積不可痛 | 且積不可痛 | 過積不可掩 |
| 19. | □君大不可解 | □君大不可解 | 缺釋 | 罪大不可解 | 罪大不可解 | 罪大不可解 | 罪大不可解 | 罪大不可解 |

　　上表左端自左至右依序先列出原牘、反體和紅外線照片，再列諸家釋文。原牘彩色照片是 2000 年前後，史語所進行數位典藏計劃時以數位相機所攝。拍攝以保存原牘現況為目的，未使用紅外線。從彩色照片可以清楚分辨原牘上何者為墨跡，何者為木紋或其他污漬。反體照片攝於 1930 年代，是迄今可以查考唯一較早期所攝的照片，字跡較少褪色，具有較好的參考價值。本表所列反體照片是利用電腦將反向的字反轉為正。但限於當時的攝影條件，照片上因燈光、木紋等造成的陰影常和筆劃分不清。紅外線照片攝於

2015 年，為時甚晚，原簡字跡偶有褪色，即使利用紅外線，效果不一定好，但好處是不會因燈光、木紋等造成陰影，只要筆墨稍存，完全反映現存的字跡。參照三者，截長補短，可以在掌握較佳簡影的條件下，重作釋文，以下僅略述與各家所釋有歧異的地方：

1. ．所謂臾（諛）吏者，上所言皆曰可，上所為皆曰善

　　簡頭有一墨點，劉信芳改釋作「．」，正確。「所謂」的「謂」，過去學者皆釋為「得」。按字形「𠂤（紅外）」，頗像「得」，但難以通讀。私意以為若與上表 12 另一較清晰的「謂」字（𠂤（紅外））對照，應即「謂」字。按居延簡「謂」字左旁言部常省為若勾之一豎，又書寫較潦草時，其右旁即和「得」字右半十分接近，[6]此處以釋為「謂」文意較順暢。劉先生認為「用」字即「庸」，可為一說。但從字形看更像「臾」字。《武威醫簡》85 乙「山朱臾（萸）」的「臾」𦥑（原簡）、申（摹本）、史語所藏羅布淖爾漢簡 L21「須臾」的「臾」申和本簡「臾」字𦥑寫法幾乎一樣。[7]「臾」即「諛」無疑，和後文所說正合。又「吏」字（吏（紅外）），字形和上表 12「愚吏」之「吏」字（吏（紅外））對照，筆劃相近又似稍有不同，是否為諸家所釋的「事」字，可疑。因為它和上表 9「公事」的「事」字（事（紅外））差別較大，本文從劉，釋為吏。按：《說苑·臣術》謂諛臣「主所言皆曰善，主所為皆曰可，隱求主之所好即進之，以快主耳目。」這和本簡的諛吏正相應，釋為吏字，文句全通。

---

6　參佐野光一編，《木簡字典》（東京：雄山閣，1985），頁 671：居延簡 38.17（勞圖版 246）、68.101（勞圖版 182）、176.43（勞圖版 240）、178.9（勞圖版 288）、264.40（勞圖版 217）。

7　「臾」字之釋從陳偉兄，謹謝。史語所藏羅布淖爾漢簡 L21 見簡牘整理小組，《居延漢簡補編》（臺北：中央研究院歷史語言研究所，1998）。

2. 以聽順從為故，陰求上之所好而進之

　　首五字不論原牘、反體或紅外線照片都相當模糊，不易釋讀。頭三字各家未釋，末二字，《甲乙編》以下皆釋作「伐為」。魏引《玉篇》：「伐，行也。」劉認為「為前一字闕疑」。據紅外線照片，第一字字形近似「以」字而稍缺（■（紅外））。第二字尚屬清晰，應作「聽」（■（紅外）），可參本簡「諫之不聽」更清晰的「聽」字。第三字不論反體和紅外線照片都較模糊（■（紅外））。可是參考紅外線照片，則知左旁作「川」，右旁「頁」右下一點仍有殘跡可見，實為「順」字。第四字疑應作「從」（■（紅外）），左旁可以是「彳」，也可以是「亻」，相同寫法見居延簡171.13（■（紅外））。[8]這五字不見今本《說苑・臣術》。但「聽順」一詞見於《三國志・諸葛亮傳》「重違君意，聽順所守」、《後漢書・何敞傳》「聽順其意，誠宗廟至計」。「以聽順從為故」的故即事。《史記・吳王濞列傳》：「以僇辱之為故」，《集解》《漢書音義》曰：「故，事也」。《正義》按：「專以僇辱諸侯為事」。「以聽順從為故」意思應該是說以聽從、順從或以聽命並順從上意為事。其下所接「陰求上之所好而進之」可對照前條引《說苑・臣術》句。[9]

3. 苟容而已

　　《甲乙編》、《合校》、魏、劉釋文俱作「苟容而□」。魏疑可補作「苟容而樂」，劉疑可補為「苟容而阿」。按反體及紅外照片，不可能是「樂」或「阿」，而與「已」無異（■（紅外）），全句應作「苟容而已」。「以聽順從為故，陰求上之所好而進之，苟容而

---

8　從字之釋從高震寰博士建議，謹謝。從字類似寫法又見居延簡101.24、271.20A等
9　本條斷句從陳偉兄建議，謹謝。

已」和《說苑·臣術》謂諛臣「偷合苟容,與主為樂」意思類似。

4.　·所謂備員吏者

「所謂」諸家釋作「所得」,不妥;同 1,「得」應作「謂」。據照片,「員吏」二字應可接受,唯「備」字較不易辨識(▓(紅外)),據紅外照片約略可看出左側上部是尚有痕跡的一撇▓,其下有一豎即「亻」。右側筆劃是已殘損的「蒲」▓。居延簡 258.11 的▓字或可參考。雖然簡中不少偹字寫得像備,備也有可能是偹或俌,但釋作偹、俌,此處不可通。因一時沒有更好的方案,備字暫從前賢所釋。「備員」一詞習見《史記》和《漢書》,無勞贅舉。

5.　安官貪祿

魏疑可補為「方中圓外」;劉以為從上下文可知,不可能如此,倒有可能是「方外圓中」。案照片,「方」、「員」二字十分勉強,其他二字就殘跡言,幾無可能是「中」和「外」。從殘存字形看,第一字應作「安」(▓(紅外)),上部「宀」橫筆兩頭有缺,下方「女」的橫筆稍有殘存,勉強可見。第二字疑應作「官」(▓(紅外)),上部「宀」橫筆兩頭也有缺。第三字粗看似為「員」,細查上半部,則知作「貪」(▓(紅外))更為合適。第四字左為「示」旁,右為「彔」,應釋「祿」(▓(紅外))。「祿」字字形可參居延簡 214.19 ▓、214.25 ▓、311.6 ▓。「安官貪祿」一句和其下所接「營於私家,不務公事」和《說苑·臣術》言臣之行有「六邪」之一的「安官貪祿,營於私家,不務公事」完全相同。

6.　營於私家不務公事

魏、劉都注意到此句和《說苑·臣術》「營於私家,不務公事」同。二人都以為可據補。照片上「私家」、「公事」等字清晰,「營」(▓(紅外))和「務」(▓(紅外))字有缺,但近似「營」和「務」,

茲從魏、劉舊釋。

7. 意 在 接（挾）耶（邪）懷詐臧（藏）能

　　「在」字各家未釋，按照片疑為「在」（ 圖 （紅外））。

　　「接（挾）耶（邪）」二字各家作「桂耶」（ 圖 （紅外）），魏讀「桂耶」為「眭邪」，有邪惡不正之義。劉認為原簡不清，闕疑。按照片，前一字左旁為手部，非木部，右旁筆劃似較「桂」字為繁，上端似有一點，下半或為「女」，疑作「接」。接讀為挾；耶即邪。挾邪，心懷奸邪也。《史記・外戚世家》有「挾邪媚道」，張衡《西京賦》有「挾邪作蠱」之句。

　　「詐」字各家釋「作」，「懷作」不成辭。按此牘「言」旁多省作如勾之一豎筆，應為「詐」字，「懷詐」即可通。「臧」字清晰可辨（參上表 10（反體）、（紅外）），勞榦釋為「成」，他人作「咸」，誤。「能」字（ 圖 （紅外）），魏作「獝」，認為與下一字「容」連讀為「獝容」，義即「苟容」。劉指出此釋不成其辭， 圖 應釋「狠」；狠者，忿爭之謂，不與下一字連讀。按照片，字尚清楚，右旁狀若「艮」，似可釋為「狠」。但對照《說苑・臣術》：「六邪者，一曰安官貪祿，營於私家，不務公事，**懷其智，藏其能**」，則此字似以釋作「能」更佳。[10]「能」字最後一筆常寫成向右下一撇（如武威儀禮簡 68、居延新簡 EPF22：4、EPF22：22）

8. 容容與世沉浮

　　原簡字跡清晰。按：參前引《說苑・臣術》：「六邪者，一曰安官貪祿，營於私家，不務公事，懷其智，藏其能，主饞於論，渴於策，猶不肯盡節，容容乎與世沉浮，上下左右，觀望如此者，具

---

10　藏字從陳偉兄，能字從廣瀨薰雄兄建議，謹謝。

臣也。」

9. ・所謂愚吏者

　　劉將各家所釋之「一」改為章節符號「・」，正確。「謂」字之釋，見前，不贅。其餘字清晰，應無疑義。

10. 諫之不聽，告之不知

　　「聽」字，各家作「駭」，魏、劉俱無說。按照片（（紅外）），尤其紅外線照片十分清晰，和居延簡123.8的「聽」字（（紅外））幾乎一樣，應作「聽」。「諫之不聽」，文意通暢。

11. 過積不可掩

　　「過」字（（紅外）），諸家作「且」；「掩」字（（紅外）），諸家作「痛」。魏於「且」字無說，「痛」讀作「舖」，止也，謂此句是說愚吏「積習難改，不可止也。」劉以為「且」讀作「疽」。疽積者，惡瘡積而為患。又謂「疽積不可痛」者，「痛亦作動詞，謂癰疽積膿潰瘍，不可病此疾也。」這樣解釋，感覺勉強。據紅外線照片，下方一橫可以是部件「辶」，本簡「故陰求上之所好而進之」「進」的「辶」部也完全寫作一橫。過字上部筆劃略殘、可看成是「咼」，即「過」字。過字在居延簡中不少。可參簡285.17、317.3 、478.32 。過積者，過失積累也。《太平經合校》卷六十七丁部〈六罪十治訣〉：「大不仁之人過積多」；《抱朴子外篇》卷十六〈交際〉：「姦過積者其功多」。最末一字和居延簡9.1以及北京大學所藏《蒼頡篇》「掩」字全同，其為「掩」字無疑。[11]

---

11　古文字與古代史會議中曹錦炎先生曾建議應釋作「掩」字，證明正確。十分感謝曹先生的指教。

經以上討論，釋文可重訂如下：

- 所謂史（諛）吏者，上所言皆曰可，上所為皆曰善，以聽順從為故，陰求上之所好而進之，苟容而已。
- 所謂 備 員吏者，安官貪祿，營於私家，不務公事，意 在 接 （挾）耶（邪），懷詐臧（藏）能，容容與世沉浮。
- 所謂愚吏者，知淺而羞學問，位卑而好自用，諫之不聽，告之不知，示之不見，教之不為，過積不可掩，罪大不可解。

## ■二 《吏》篇性質、內容與《說苑・臣術》相近

劉信芳先生將居延 506.7 牘定名為《吏》篇，並指出「居延漢簡《吏》篇的思想來源直接承秦簡《為吏之道》，並受到先秦思想家有關論述的影響。《吏》篇批評庸吏、備員吏、愚吏的弊端，其論述不帶儒生偏見，是一篇針砭時弊的佳作，對我們深入了解漢代思想家批評吏治的背景甚有助益。」[12]

劉說扼要中肯，十分同意。如參以睡虎地《為吏之道》和其他先秦以來論吏道或臣術的篇章，第一，可以推想《吏》篇原本除了羅列各種「不善」之吏（庸吏、愚吏……），很可能還有一部分羅列何為「良吏」或「善吏」。第二，睡虎地《為吏之道》等這一類規範性的教材，為便成誦，有部分用韻，《吏》篇思想或可上接秦簡《為吏之道》，但不用韻，性質上和《為吏之道》應非同類。第三，

---

睡虎地《為吏之道》簡本抄寫分上下五欄，[13]岳麓書院藏《為吏治官及黔首》秦簡除標題和末三簡，其餘分三或四欄，北京大學藏《為吏之道》簡分四欄抄寫，居延漢簡《吏》篇連續分三行抄在一牘之上，不分欄，抄寫形式不同。

由此三者，或可推知《吏》篇本是某種論吏道，格言式文獻的殘文，魏、劉二位都已指出其中某些文句和《說苑·臣術》幾乎一樣。《臣術》開宗明義即論為人臣之「六正六邪」，《吏》篇殘文雖僅及邪吏，由此不難推想其性質原本和《說苑·臣術》相似，都是吏道或臣術一類言論的輯鈔。值得注意的是它們的分類不同。《說苑·臣術》分邪臣為六：具臣、諛臣、姦臣、讒臣、賊臣、亡國之臣。《吏》篇殘簡則是分成諛吏、備員吏和愚吏等等。可見即便某些文句和思想相似，甚至完全相同，說明它們有共同的淵源，但《吏》篇應該不是《說苑·臣術》的殘文。

類似言君臣之道的典籍殘文佚篇在居延簡中還可找到一些。例如：

☐者，言 法 理；與事君者，[14]言忠信。凡此三者，蓋言之 利 也。貪夫謀財，列士謀名

☐　　　　　　　　　　　　　　　　　　（圖3 居505.32A 勞圖版23）

這一簡書寫潦草，兩面有字，惜A面左行太殘，背面上端有兩行字，殘損更甚，下端大字餘筆幾不可讀。《居延漢簡甲乙編》、

---

13　五欄抄寫內容不全同，明顯附抄有其他文本，甚至末尾抄有魏戶律和奔命律，但全簡形式上分為五欄。
14　與事二字從劉樂賢兄指教，謹謝。

《居延漢簡合校》等曾釋 A 面，唯明顯有誤。今據紅外線照片改訂一部分，仍有不易通讀之處，如「法」字舊釋為「須」，「利」舊釋作「計」，即須再考，新釋也僅供參考。不論如何，殘簡右行從「者」開頭，可見其前原應有其他文字見於別簡；從可解的內容「某者言因理，與事君者，言忠信」云云看，應是某種論君臣治道的著作。今本《鶡冠子》有「列士徇名，貪夫徇財」的話，《史記·伯夷列傳》引《賈子》曰：「貪夫徇財，烈士徇名」（又見《史記·屈原賈生列傳》引《鵩鳥賦》、《鹽鐵論·毀學》文學曰「賢士徇名，貪夫死

圖3　居 505.32A 及局部放大　　　505.32B

利」)。這些都可以和簡上的「貪夫謀財，賢士謀名」參讀。其餘部分，則待進一步考索。為什麼這樣言治道或吏道的典籍殘文會出現在邊塞的遺址中呢？這和邊塞員吏的素質以及教育需要有關，應該是一個合理的推斷。

## 三 《為吏之道》主要是精神道德教材

構成秦漢官僚體系人員主體的是所謂的刀筆吏。不論《吏》篇或《為吏之道》、《倉頡》、《急就》、九九術、律令、日書簡篇等出現在秦漢墓葬或居延、敦煌邊塞，由此可以大致得知刀筆吏的教育內容和理想上可能具有的精神素養。目前學者間較有不同意見的是《為吏之道》這類篇簡到底是識字課本、道德教材或所謂的宦學讀本？

1978 年睡虎地秦墓竹簡的釋文簡本出版，整理小組在《為吏之道》釋文前的說明中指出它「是供學習做吏的人使用的識字課本。」[15]1990 年出版圖版本時，《為吏之道》的說明仍然相同。[16]1994年吳福助先生指出「《為吏之道》是一種嬴秦自戰國晚期以迄天下

---

15　睡虎地秦墓竹簡整理小組，《睡虎地秦墓竹簡》（北京：文物出版社，1978），頁280。

16　睡虎地秦墓竹簡整理小組，《睡虎地秦墓竹簡》，頁 167。研究書法的張嘯東先生稱其為習字範本或法帖，參氏著，〈秦漢宦學教本──早期習書的「法帖」暨其對「名家時代」書法的影響〉，收入中國書法院主編，《簡帛書法研究》（北京：榮寶齋出版社，2009），頁 51-64。將《為吏之道》視為識字教本，尚有可說；視為習書法帖，則不妥。

統一，文武吏員學徒受訓學吏所用的道德教材。它的內容為一個大雜燴，由多種文書雜抄拼湊而成，其中「除害興利」以下四十九句，乃是秦嬴宦學識字教材，為今存中國古代識字教材中之最早者。」[17]換言之，在吳先生的認識裡，《為吏之道》是由道德教材和四十九句識字材料雜湊成的教本。[18]2004 年胡平生先生談到《為吏之道》，先引述整理小組識字課本之說，又指出「《為吏之道》的內容是講為官應有的良好品質，不應有的過失，以及當時所倡導的道德觀念的說教。」[19]胡先生和吳福助的看法可以說基本相同。

迄今對《為吏之道》這類簡篇提出較全面看法的是張金光先生。他在《秦制研究》第十章〈學吏制度〉一節全面檢討了秦代的識字和學書教本、史德教本、法律教本和以《日書》為代表，他稱之為的「民間庶務應酬知識」的「學吏教材」。[20]張先生清楚指出《倉頡》、《博學》、《爰歷》、《急就》是識字和學書的教材，《語書》和《為吏之道》是「在德這方面訓練官吏學徒弟子而編的，類後世之政治教本。」[21]「政治教本」是中國大陸用語，也就是一般所說的道德精神教材。

因為新材料的出現，2010 年陳松長先生提出新看法。他在引

---

17  吳福助，〈為吏之道宦學識字教材論考〉，《睡虎地秦簡論考》（臺北：文津出版社，1994），頁 139。

18  林素清也同意吳說，認為這四十九句（簡五〇貳——四六參）和早期《蒼頡篇》十分類似，參氏著待刊稿，〈秦簡《為吏之道》相關問題研究〉。感謝素清以待刊稿見示。今比較睡虎地《為吏之道》和岳麓書院《為吏治官及黔首》，益可見後者沒有字書成分。

19  胡平生，《長江流域出土簡牘與研究》，頁 246。

20  張金光，《秦制研究》（濟南：齊魯書社，2004），頁 719-738。

21  張金光，同上，頁 721。

述整理小組和吳福助先生的意見後，根據岳麓書院新藏秦簡，指出
《為吏治官及黔首》「開宗明義地告訴我們，這是『治官黔首及身之
要也』，也就是說，這是治官、治黔首、治身的精要所在。因此，
它的內容性質顯然不是一種單純的宦學識字教材」，但也「並不是
什麼簡單的『道德教材』」，「這類文獻的性質應該是秦代根據學吏
制度的需求而編寫的一種比較常見的宦學讀本。這類讀本在當時應
該有比較固定的基本內容，有通用的抄寫格式。」[22]陳先生強調了
以下三點：(1)這類文獻是據學吏制度，為學吏者特別編寫的，(2)編
寫上有較固定的內容，(3)也有通常抄寫上的格式。這在認識上又推
前了一步。

但陳先生的宦學讀本說和前賢之說並沒有本質上的差別。他特
別強調的是抄寫格式和基本內容較為固定，並和學吏制度有關，但
仍然認為《為吏之道》和《為吏治官及黔首》在性質上不單純是識
字教材，也不是簡單的道德教材；言下之意，它們兼具識字和道德
說教雙重的功能。這和其他學者的意見基本一致。[23]

這樣的看法具有彈性，也有一定的道理。因為《為吏之道》或
《為吏治官及黔首》這樣的讀物，不能說不可用來識字，《為吏之

---

22 陳松長，〈秦代宦學讀本的又一個版本——岳麓書院藏秦簡《為吏治官及黔首》略
  說〉，武漢大學簡帛研究中心，《簡帛網》，2009.9.26 檢索。

23 比較不同的是陳侃理先生認為《為吏之道》簡的編聯、書寫和內容都和《語書》
  有關，應是《語書》標題簡所涉編冊的一部分，其性質也和戰國以來所常見語叢
  類文獻相同。其說值得參考。陳先生也指出這類文獻多用為教材，和立德修身甚
  至識字有關，這一點和其他學者意見基本一致。唯其主張這些教材是某特定個人
  精心結構的特定著作，已具諸子書的性質，則需要更多證據才好定案。參陳侃理，
  〈睡虎地秦簡「為吏之道」應更名為「語書」〉，《出土文獻》，第六輯（2015），頁
  246-257。

道》甚至有少數幾句像字書，說它有識字之用，不能說不對。不過，這樣去論定讀物的性質，則任何文字性的東西，都可以說可用來識字。這麼說是否合適？恐怕需要考慮。反過來說，即使如《急就》這樣功能或目的都十分清楚的識字書，其內容除了羅列姓名、物品等等，也不乏道德說教的語句（例如：「智能通達多見聞，名顯絕殊異等倫」，「抽擢推舉白黑分，迹行上究為貴人」、「列侯封邑有土臣，積學所致非鬼神」、「廉絜平端撫順親，姦邪並塞皆理馴」、「不肯謹慎自令然」、「受賕枉法忿怒仇，讒諛爭語相抵觸」、「依溷汙染貪者辱」……）。可是大家一般並不會因此認為《急就》是用來道德說教。同樣的，《急就》還有很多語句涉及司法和農桑等等，但它的主要功能無可否認是識字。因此，《為吏之道》、《為吏治官及黔首》和《倉頡》、《急就》的主體內容和主要目的，其實清楚有別——《為吏之道》、《為吏治官及黔首》不是為識字而編，其主要目的在於道德精神教訓；[24]《倉頡》和《急就》無疑是為識字而編，雖然內容不免涉及吏治的各方面。

---

24 睡虎地《為吏之道》是因第一簡第一句「凡為吏之道」而命名。其實正如不少學者指出，簡編中附抄有不少其他的文本，有些內容如魏戶律、奔命律明顯無關，不在討論之列。有些如「戒之戒之」起首的二十五句（簡三三貳——四九貳）則明顯關乎為人、為臣、為君的道德，乃「政之本」、「治之紀」，和《為吏之道》無疑相關。和《荀子・成相》相似的部分（簡二伍——一五伍）從頭到尾講吏如何治事，如何為民之表率。「除害興利」以下四十九句，雖像字書，但這一部分似經有意摘選，不少和為吏之職事或為吏之品質善惡有關，如「除害興利，慈愛萬姓」、「均徭賞罰」、「命書時會，事不且須」、「臨事不敬，倨驕無人，苛難留民，變民習俗，須身遂過，興事不時，緩令急徵，決獄不正，不精於財，廢置以私」。因此除了附抄的魏戶律和奔命律，其他不論是否原屬同一文本，或雜抄或出於字書，都比較富於道德教訓的意味。《為吏治官及黔首》全篇皆屬道德教訓，十分清楚，就不必多說了。

釐清這一點，有助於理解秦漢兩朝培養吏員原曾有頗為完整的一套教育。這套教育最少包括兩大方面：

　　(1) 基礎知識和能力（包括文字、法律、計算等等）、

　　(2) 精神道德品質。

　　其中有些應有教材和進程，甚至有專門的場所、教師和考核獎懲制度。這些方面張金光先生已作過頗為全面和深入的研究，個人贊同其說。[25]以下打算就基層吏員的精神道德或者說素養部分，續貂一二。

## 四 精神教育的其他教材——《孝經》與王莽《戒子孫書》

　　張金光先生在其大作中不但言及學吏制度下的各種訓吏教材，也注意到吏員的考試和試用。後來我利用張家山《二年律令》中的〈史律〉，分析了史學童通過史的考試，擔任史之後還要面對「八體課」的考課。[26]識字、書體或律令知識都可考試或考核，精神品質如果曾有《為吏之道》這類所謂的教本，如何據以進行考核呢？張先生無說，也幾無材料可考。為此，我注意到王莽時的一個規定，或許可為西漢中晚期以後的情況提供一點線索。

　　王莽這位再世周公，篡漢前曾因不同的原因迫使自己的兩個兒

---

25　1984 年張金光先生在《文史哲》第 1 期發表〈論秦漢的學吏制度〉一文，1983 年我在《中央研究院歷史語言研究所集刊》54 本 4 分發表〈秦漢的律令學〉一文，論及秦漢的以吏為師等等，和張先生之說頗多契合，唯張先生或不及見。

26　邢義田，〈漢代《蒼頡》、《急就》、八體和「史書」問題〉，《古文字與古代史》，第 2 輯，頁 429-468。

子自殺。先是其次子王獲，因擅自殺害奴婢，王莽令其自殺。後來，王莽為安漢公，想要把持朝政，不願平帝的生母衛姬留在京師，封她為中山孝王后，將她和她的家人遣往中山國。王莽的大兒子王宇頗不以為然。他擔心隔絕平帝和他的生母，平帝長大成人後必對王氏不滿，力勸王莽不可如此。他的規勸，犯了大忌，被迫飲藥自殺。王莽不但迫死王宇，還大事株連王氏父兄及異己，死者百數，海內震驚。這時有位大司馬護軍獻議：

> 安漢公遭子宇陷於管、蔡之辜，子愛至深，為帝室故不敢顧私。惟宇遭辜，喟然憤發作書八篇，以戒子孫，宜班郡國，令學官以教授。（《漢書‧王莽傳上》）

這位護軍將王莽所為比成周公誅管、蔡，言下之意王莽所作八篇，也像周公之告戒成王、武王。王莽將他的建議交給朝廷群臣去商量，商量的結果是「令天下吏能誦公戒者，以著官簿，比《孝經》。」

王莽時，天下郡、國皆置學官，鄉、聚之庠、序各有孝經師，專授《孝經》。大司馬護軍建議將王莽的八篇戒子孫書當作教本，比照《孝經》，要學官教授。不論中央太學或地方學校都是漢代官吏最重要的養成所。這項記載說明，最少在王莽當政時，《孝經》已成為一種基層吏員養成的精神道德教材。王莽自著的八篇書，比照《孝經》，要「天下吏」誦讀，還要「以著官簿」。據顏師古說「以著官簿」是「用之得選舉也」，也就是說能誦讀八篇書的，比照能誦《孝經》，可以有被選而任吏或升遷的資格。王莽這八篇大作，內容不傳，可想而知必然充滿道德訓示。[27]這或許是中國歷史

---

27 劉樂賢先生推測《肩水金關漢簡（參）》中有八枚簡可能即王莽的戒子孫書的殘

上最早以個人著述向全國公務員作道德說教並納入獎懲考課的開始。其後很多帝王師法王莽，巧妙各有不同，本質上都脫不開「天降下民，作之君，作之師」這個統治者以教化為己任的思想傳統。中國傳統的統治者既以教化為己任，助其教化的百官自然先要經過一番道德或精神教育的洗禮。[28]這個傳統直到今天仍然延續不絕。

## 五 漢邊出土的《論語》、《孝經》、《易》、《尚書》、《春秋》、《詩》、《禮》殘簡舉例

因為王莽時曾規定學官教授《孝經》，又規定官吏是否能誦《孝經》記錄於官簿，作為選官舉吏的依據。這不禁使我聯想到其他的儒經是否也曾如此？此外，我們也不難注意到一個事實，即《為吏之道》、《為吏治官及黔首》這類簡篇迄今全出自秦或漢初的墓葬，不見西漢中晚期以後的，也不見於居延、敦煌等邊塞。西漢中晚期以後，邊塞出土了《論語》、《孝經》、《詩經》、《春秋》、《尚書》、《易經》等殘簡（詳下文）。雖然目前還無法斷言這些儒經是否取代

---

文，內容多引自《孝經》，但也曾徵引其他經書。參氏著，〈王莽「戒子孫書」考索：也談金關漢簡中一種和孝經有關的文獻〉，《出土文獻》，第九輯（上海：中西書局，2016），頁205-216。

28 隨著儒生士大夫在西漢中晚期逐漸占據主要的政治舞台，官吏養成的教材可能隨之變化，考課方式和內容也應有相應的調整。其詳尚乏研究，唯蛛絲馬跡見於董仲舒，《春秋繁露·考功名》，此章大談考績之法，也見於漢元帝時大儒京房奏考功課吏法，見《漢書·眭兩夏侯京翼李傳》。據晉灼注，京房考課之一大原則為「崇教化」，則其意圖不難由此窺知一二。王莽時以天下吏能否誦《孝經》著官簿，有可能即循此而來。此事須另文考之，不贅。

今塵集：秦漢時代的簡牘、畫像與文化流播
　　——卷一 古代文化的上下及中外流播

了《為吏之道》這類教材，這個現象無疑十分值得注意。

居延、敦煌邊塞遺簡的時代多屬西漢中晚期至東漢明帝以前，迄今刊布的簡篇，除了有較多的《蒼頡》、《急就》，也有日書、風占、醫方、九九、兵書、相刀劍、相馬等，更有提到「吳起」（居40.29）、[29]「力墨（牧）」（敦2103）、[30]「晏子」（新EPT51.390、額99ES18SH1：1）、「田章」（敦2289或大庭730）、[31]「田開彊、公孫挾」（新EPT57.54）、「樗里子」（居135.31）等疑與《吳子》、《力牧》、《晏子春秋》等先秦諸子，甚至與《史記‧滑稽列傳》淳于髡記事相關的古籍殘文。[32]這些典籍簡可以說共同構成了漢代邊塞吏卒思想精神面貌的重要側面。它們出現在邊塞，反映了邊塞吏卒的文化素養，也反映了中華文化在帝國邊緣，尤其是在河西地帶的擴張。

這個問題牽涉甚廣，以下特別要談的僅限於與儒教相關的經典殘文。[33]漢武帝以後，儒家經典漸形重要。官吏想要升遷至較高的職位，通常需要學習儒經，更全面地接受儒家治術和道德倫理的薰陶。《急就》篇說「宦學諷《詩》、《孝經》、《論》，《春秋》、《尚書》、律令文」，點出了西漢中期以後宦學的內容，也反映《急就》

---

29 參陳槃，〈吳起對魏武侯文〉，《漢晉遺簡識小七種》（臺北：中央研究院歷史語言研究所專刊63，1975），頁118下。

30 王國維，〈簡牘遺文考釋〉，《流沙墜簡》（上虞羅氏宸翰樓印，1914），頁4下。

31 敦煌「田章對曰」簡大庭脩疑與《淮南子》相關，誤。參陳槃，〈田章及其所言之天地高廣〉，《漢晉遺簡識小七種》，頁126下-131上。

32 王國維，〈簡牘遺文考釋〉，《流沙墜簡》，頁2下認為殘簡之文出《史記‧滑稽列傳》。大庭脩，《大英圖書館藏敦煌漢簡》，頁77附注以為應為司馬遷寫淳于髡事，曾參照的古寫本。大庭說或較妥，蓋文辭不全同也。

33 目前蒐羅和討論最完整的當屬前引劉嬌〈居延漢簡所見六藝諸子類資料輯釋〉一文，見《出土文獻與古文字研究》，第七輯，頁283-326。本文作於多年前，頗有缺漏，不再增補，請讀者逕參劉嬌文。

編成的西漢元帝以後，漢吏在精神素養上逐漸受到儒教的濡染。目前在居延和敦煌邊塞簡中能找到的儒經殘文並不算太多，它們是否曾在軍中傳授？成為精神教育的教材？是否像王莽時的「誦《孝經》」，能成為考課或升黜的依據？並不清楚。無論如何，儒經殘簡畢竟在邊塞中出現，必曾為邊塞之人所擁有和閱讀，代表了一種文化素養，其具有的意義不容忽視。以下略舉相關殘簡之可考者：

## 1. 《論語》

和《論語》相關的殘簡可考者出土於居延破城子 A8、羅布淖爾和敦煌懸泉：

(1) 居延簡 4.6A：「所由，觀之所安，人焉叟哉，人焉叟」（圖 4.1）

4.6B：「□遠辱賜書及秋甚深厚叩頭□□」

按：此簡 B 面內容為書信，筆跡不同，反體照片曾被塗描。A 面為《論語》殘句。今本《論語·為政》：「子曰：視其所以，觀其所由，察其所安，人焉廋哉，人焉廋哉。」簡本與今本字句稍有出入，然原出於《論語》無疑。

(2) 羅布淖爾簡 59：「亦欲毋加諸人，子曰賜非」（圖 4.2）

按：今本《論語·公冶長》：「子貢曰：我不欲人之加諸我也，吾亦欲無加諸人。子曰：賜也，非爾所及也。」簡本「賜」後無「也」字。

(3) 敦煌懸泉簡：「乎張也，難與並而為仁矣。曾子曰：吾聞諸子，人未有自致也者，必也親喪乎。曾子曰：吾聞諸子，孟莊子之孝，其他可能也。其不改父之臣與父之……」（尚無圖版發表，參《釋粹》V18122：119）

按：和今本《論語・子張》略同。胡平生、張德芳，《敦煌懸泉漢簡釋粹》，頁 174-175 已詳說，不贅。

附帶一提《居延漢簡合校》119.30 釋文作「子夏為孔子」。細按反體及紅外線照片（圖 4.3），「孔子」的「孔」明顯不是「孔」，而是「五」。疑「五子」為「伍子胥」。[34]「子夏為五子」當為某種古籍殘文。又《敦煌懸泉漢簡釋粹》錄有如下殘簡：「之祚責，惡衣謂之不肖，善衣謂之不適，士居固有不憂貧者乎。孔子曰：本子來……」（II01145：71，頁 176）此當與某種儒典有關，唯出處待考。

近年肩水金關簡公布，其中有不少與《論語》有關：

1. 73EJT24：802　「毋遠慮必有近憂」（圖 5）

　　按：《論語・衛靈公》：「子曰：人無遠慮，必有近憂。」

2. 73EJT24：833　「曰天何言哉四時行焉萬物生焉」

　　　　　　　　　　「年之喪其已久矣君子三」（圖 6）

　　按：《論語・衛靈公》：「子曰：天何言哉？四時行焉，百物生焉。」

　　按：《論語・陽貨》：「宰我問三年之喪，期已久矣。君子三年不為禮，禮必壞。」

3. 金關簡 73EJT31：75　「遷怒不貳過不幸短命死矣今」（圖 7）

　　按：《論語・雍也》：「孔子對曰：有顏回者好學，不遷怒，不貳過，不幸短命死矣，今也則亡。」

---

34 湖北雲夢睡虎地 77 號漢墓出土書籍簡「伍子胥」作「五子胥」。參湖北省文物考古研究所、雲夢縣博物館，〈湖北雲夢睡虎地 M77 發掘簡報〉，《江漢考古》，4（2008），頁 31-37；劉樂賢，〈睡虎地 77 號漢墓出土的伍子胥故事殘簡〉武漢大學簡帛中心《簡帛網》（2009.4.18 刊，2011.4.2 檢索）；劉樂賢，〈睡虎地漢墓出土伍子胥復仇故事殘簡與《越絕書》〉，《古文字與古代史》，第五輯（臺北：中央研究院歷史語言研究所，2016），頁 373-400。

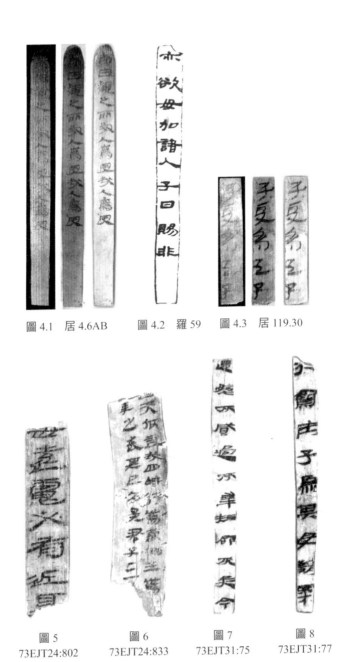

圖 4.1 居 4.6AB　　圖 4.2 羅 59　圖 4.3 居 119.30

圖 5　　　　　　圖 6　　　　　　圖 7　　　　　圖 8
73EJT24:802　　73EJT24:833　　73EJT31:75　73EJT31:77

今塵集：秦漢時代的簡牘、畫像與文化流播
——卷一　古代文化的上下及中外流播

4. 73EJT31：77 「於齊冉子為其母請粟」(圖 8)

按：《論語·雍也》「子華使於齊。冉子為其母請粟。子曰：與之釜；請益。曰：與之庾。」

## 2.《孝經》

1. 金關簡 73EJT31：104A 「侯柏子男乎故得萬國驩心以事其先王是以天下無畔國也爵」

73EJT31：104B「百四」(圖 1)

按：《孝經·孝治章》：「子曰：昔者明王之以孝治天下也，不敢遺小國之臣，而況於公侯伯子男乎？故得萬國之懽心，以事其先王。治國者。不敢侮於 寡。而況於士民乎。故得百姓之懽心。」此簡簡背有編碼，證明其原屬某孝經簡冊抄本。

2. 金關簡 73EJT31：141 「行葦則兄弟具尼矣故曰先之以博愛而民莫遺其親·百廿七字」(圖 2)

按：《孝經·三才》：「先王見教之可以化民也，是故先之以博愛而民莫遺其親」。簡末「百廿七字」應是一章的字數統計。

3. 地灣簡 86EDHT：17A 「…

長守富也，高而不危，所以長守貴，富貴□□□□」(圖 3)

按：此簡文字與《孝經·諸侯章》「……制節謹度，滿而不溢，高而不危，所以長守貴也。滿而不溢，所以長守富也。富貴不離其身，然後能保其社稷，而和其民人，蓋諸侯之孝也」接近而有異，同簡背面文字與今本孝經無涉，唯孫占宇認為或與《禮記·坊記》有關（武大簡帛網：孫占宇，〈《地灣漢簡》研讀札記（六）〉），究竟如何，有待進一步研究。有趣的是 86EDHT：17A 簡文與時代甚晚的《道德真經》

〈持而盈之〉章:「滿而不溢,所以長守富也,高而不危,所以長守貴也」或《玄通真經註》〈道德篇〉章:「盈而不虧,所以長守富也,高而不危,所以長守貴也,富貴不離身,祿及子孫」句相當接近(上海涵芬樓景印本《正統道藏・洞神部・玉訣類》所收)。可見古人承用前賢文本而成一己之文,所謂述而不作,普遍且悠久。

或許正像河北定縣八角廊 40 號漢墓(中山懷王墓)出土的《儒家者言》,漢世言及孝道的典籍不止《孝經》,在居延簡中另見到一二或與儒典相關言及孝道的殘文,姑錄如下,備考:

(1) 居延簡 482.3:「□孝慎戒之」(圖4)

　　按:「孝慎戒之」的「戒」,于豪亮先生嘗考訂,從之。[35]

(2) 居延簡 478.30:「孝婦苦田禾知/☒」(圖5)

圖 1　　　圖 2　　　圖 3
73EJT31:104B　73EJT31:141　86EDH:17A

圖 4　居 482.3

圖 5　居 478.30

35 于豪亮,〈釋漢簡中的草字〉,《于豪亮學術文存》,頁 259。

## 3. 《易》

《易》相關殘文見於敦煌和居延簡的不少：

(1) 居延簡 552.2B：「□二女同居其」（圖1）

按：此簡上下俱殘，「二」字上尚有一字殘筆，不可釋。下端也有一字，中央部分恰削殘，從殘筆看似為「六」，實為「其」。居延簡170.5A「…六石弩二，其一傷兩檄…」的「其」字寫得極簡，略似「六」（⿱ (紅外)，另可參勞圖版117），可參。今本《周易‧睽》「象曰：睽火動而上，澤動而下，二女同居，其志不同行。」又《周易‧革》「象曰：革水火相息，二女同居，其志不相得曰革。」簡本殘文疑出《周易》象辭。簡背內容不相干，不錄。

(2) 居延簡 395.10：「□豫圖也重門擊柝以待暴客」（圖2）

按：此簡書寫草率，柝字僅見一木字邊，右側「斥」或未寫完，或寫而被削去。「重門擊柝以待暴客」見《繫辭下》。這幾字前的「□豫圖也」和今本《繫辭下》接著的句子「蓋取諸豫」有意義上的聯繫，疑此簡文字出自某派易學家的解經文字。

(3) 居延新簡 EPT59.747：「▬▭▬▭▭▭▭▭▭▭」（圖3）

按：圖版不清晰。釋文是否可靠，無法確定。但應為連書之卦爻。

(4) 金關簡 73EJT31：44A+T30：55A：「上而不驕（驕）者、高而不危制節謹度而能分施者滿而不溢易曰亢龍有悔言驕（驕）溢也」（圖4）

按：此簡已有劉嬌為文討論，不贅。[36]

---

36 劉嬌，〈居延漢簡所見六藝諸子類資料〉，《第二屆古文字學青年論壇》（會議用論文集，臺北：中央研究院歷史語言研究所，2016），頁381-382，又見〈居延漢簡所見六藝諸子類資料輯釋〉，《出土文獻與古文字研究》，第七輯，頁283。

圖 1　居 552.2B

圖 2　居 395.10　圖 3　新 EPT59.747

圖 4
金 EJT31: 44
＋T30: 55AB

圖 5
敦 387

圖 6
敦 388

(5) 敦煌簡387：「☰ ☷ 不〔否〕川下乾上希在六三九　九五
□□」

388：「☰ ☲ 離下乾上易得同人希在九三有□於東
己半道朝甲正」（圖5-6）

按：兩簡圖版均已模糊，簡387之「不」字筆劃尚清，張德芳《敦煌
馬圈灣漢簡集釋》已考證不當作否，上經第十二卦。坤卦書作「川」
形，漢碑多有其例。[37]「乾」以下字據《敦煌馬圈灣漢簡集釋》圖版。
簡388除「離下乾上」、「同人」等字可辨，其餘《敦煌漢簡》原釋「易
得」、「希在九目吉」等，字幾不可辨。《敦煌馬圈灣漢簡集釋》圖版
較清晰，釋文亦從集釋。張德芳考證本簡屬《周易》同人卦，上經第
十三。

(6) 敦煌懸泉簡：「象曰家必不屬奢大過度後必窮辱」

按：圖版未公布，據《敦煌懸泉漢簡釋粹》II03143：14，頁176。不
見於今本的象辭。

## 4.《尚書》

《尚書》相關殘文少見於敦煌和居延簡。目前似僅見居
延簡407.1：

「若予采讙兜」（圖1）

按：《尚書・堯典》：「帝曰：疇咨，若予采。讙兜曰：都。共
工方鳩僝功。」本簡簡頭空白整齊，當是一簡的起頭，其字書
寫極為工整優美，無疑是正式的典籍抄本，惜下段殘失。

圖1
407.1

---

37　《隸釋》所錄濟陰太守孟郁脩堯廟碑、成陽靈臺碑皆為著例。

## 5.《春秋》

《春秋》殘文見於居延簡：

(1) 居延新簡 EPT52.59A：「元年元年春王正月公即位所謂王
□」

EPT52.59B：「元年春王正月」（圖 1）

按：1994 年版《居延新簡》釋
文作「正月公即從」，2013 年
《居延新簡釋校》釋文同；2016
年新版《居延新簡》釋文作「正
月公即位」，位字之釋，正確；
然漏釋一「小」字。新版紅外線
圖版「位」字清晰；「公即位」
意即可通。「位」下一字釋
「所」，「所」下一字較殘且模
糊，疑為「謂」，新版《居延新
簡》即作謂。全句應作「元年元
年春王正月，公即位。所謂王
□」。「王」下有字不可辨。AB 面俱書「元年春王
正月」，A 面「元年」二字重複書寫，「所謂王」云
云疑是對「王」作的解釋。疑殘文或為據《春秋》
某家派之「傳」或「記」而作的抄寫練習。

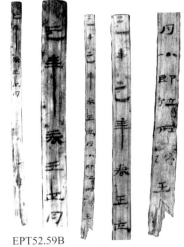

EPT52.59B
及局部放大　居 EPT52.59A

圖 1

(2)《春秋・左傳》73EJT31：42A「□天子曰兆
民諸侯曰萬民」

73EJT31：42B「六十八」

（圖 2）

圖 2
73EJT31:42AB

　今塵集：秦漢時代的簡牘、畫像與文化流播
　　　　——卷一　古代文化的上下及中外流播

按：《左傳》閔公元年「天啟之矣。天子
曰兆民，諸侯曰萬民」。簡上第一字殘筆
或即「矣」之尾筆。簡背編號「六十
八」，可知原簡為簡冊中之一枚。

## 6.《詩》

(1) 居延簡 131.56：「□德人〓有土（士）
君子之」（圖1）

居131.56　反體　紅外線
圖1

按：此簡上下殘斷，八分隸書工整優
美。比較反體和紅外線照片，紅外線照片清楚顯示殘
簡「德」上另有一字，或為「生」，或為「至」，「人」
字下有重文號。殘句疑出《毛詩序》，但和傳本《詩·
大雅·生民之什·既醉》毛詩序：「醉酒飽德，人有
士君之行焉」又有明顯字句上的差異。這是因為傳抄
而出入？或根本為它書殘文？不能完全確定。

(2) 金關簡 73EJT31：102AB：「詩曰題積令載鷙
載鳴我日斯邁而月斯延蚤〓興〓夜〓未〓母〓天
〓璽〓所〓生〓者唯〓病〓乎〓其勉〓之〓」（圖2）

圖2
73EJT31:102AB

按：《毛詩·小雅·小宛》：「題彼脊令，載飛載鳴。
我日斯邁，而月斯征。夙興夜寐，毋忝爾所生。」今
本「題彼脊令」，簡作「題積令」，漏一「彼」字；今
本「夙興夜寐」，簡作「蚤〓興〓夜〓未〓」；今本「毋
忝爾所生」，簡作「母〓天〓璽〓所〓生〓」；末二句「唯
〓病〓乎〓其勉〓之〓」不見今本。簡背有編號八十二，
由此可知此簡本屬《詩經》某一傳本簡冊。

### 7.《禮》

(1) 居延簡 581.1：「‧發喪服義」（圖 1）．

> 按：此簡圖版《居延漢簡-圖版之部》和《居延漢簡甲乙編》均缺。原
> 簡藏史語所，仍十分清晰。簡頭有黑圓點，疑為某家喪服傳或記之標
> 題簡。「發喪服義」的「義」，當如同《禮記》之〈祭義〉、〈冠義〉、〈昏
> 義〉、〈鄉飲酒義〉等之「義」。

(2) 居延簡 505.34：「其端履 **齹以六升** 齹服衣大紅布衣緣中衣轟
〔攝〕帶竹瞀〔簪〕素履仄〔側？〕斂十五」（圖 2）

> 按：此簡見《居延漢簡-圖版之部》圖版 76，與上簡同出土於大灣
> A35。唯 505.34、581.1 兩簡筆跡有異，非必有關聯。簡 505.34 內容與
> 喪服禮制有關，但與傳世《儀禮》不合，也不同於武威漢墓所出《服
> 傳》，疑出喪服的某種記或
> 傳，但也有可能出自王莽某件
> 制禮的詔書，不能遽定。

以上略舉居延和敦煌等邊塞
出土和儒家經典相關的殘簡。相
對於其他類別文獻而言，儒典殘
簡在數量上不算很多，但五經俱
全，可以和武、昭、宣以來，尤
其是王莽和東漢初以降，漢帝國
的儒家化遙相呼應，也和中原主
流文化向帝國邊區的擴散相呼
應，意義可謂重大。

圖 1　居 581.1　　圖 2　居 505.34

## 六 居延、敦煌出土的兵書殘簡

前文提到居延和敦煌殘簡中有不少佚籍殘文。除了大量數術類文獻，和精神素養或教育較有關的還有兵書。漢代官吏兼修文武，如果說儒經用以修文，兵書則用以修武。[38]以下略作勾輯：

(1) 於蘭莫樂於溫莫悲於寒中子對曰文莫隅於秝復莫黹於

（敦 酥油土 1409A）

　　第三

（敦 酥油土 1409B）

(2) 者兼甲臨兵兩軍相當兩期相望鼓以前未畢生方此等賢

（敦 酥油土 1410A）

　　第七

（敦 酥油土 1410B）

(3) 天負其地躬夭鬼神此女所罷止期月昕隋奉公寫酉□

（敦 酥油土 1411A）

　　第十七

（敦 酥油土 1411B）

(4) 為王擊吳越不道者平魯王毋以應　　（敦 酥油土 1412）

　　按：以上敦煌酥油土出土，頭三簡書法一致，簡背有編號，原屬同一編冊無疑。從殘文看，原應為某種兵書，簡中提到「中子曰」，或即為與中子有關的兵書。其詳不可考。第四簡筆跡完全不同，背面無編號，應屬另一或與用兵有關的文獻，性質不能完全確定。

(5) 普引弓射之□用□兵普解弓書而詳之書曰疾風大☒

（敦 大 541）

---

38　參邢義田，〈允文允武──漢代官吏的一種典型〉，《中央研究院歷史語言研究所集刊》，75：2 分（2004），頁 223-282。

按：大庭脩認為是與弓射有關兵書的一部分。[39]《漢書・藝文志》兵技巧一節收錄有《逢門射法》二篇、《陰通成射法》十一篇、《李將軍射法》三篇、《魏氏射法》六篇、《彊弩將軍王圍射法》五卷、《望遠連弩射法具》十五篇、《護軍射師王賀射書》五篇等。

(6) 言已不聞者何也力墨對曰官 　　　　　　　　　　　　（敦大610）

按：「已」前一字疑為為「言」。細審圖版，尚隱約可識，沙畹以下各家未釋。力墨即力牧，詳下簡按語。

(7) ・黃帝問力墨□曰官毋門者何也□□ 　　　　　　　　（敦大538）

按：沙畹書未附此簡圖版，釋文作「黃肅問○○○曰官毋門者何也○○……」羅振玉釋作「黃帝（原雙行夾注：沙氏釋「肅」依文理觀之當為「帝」字）問□□□（原雙行夾注：案文義當是「於力墨」三字）曰官毋門者何也□□（原雙行夾注：案文義當為「力墨」二字）」。又指出「力墨」即「力牧」，疑與《漢書・藝文志》之兵家《力牧》十五篇有關。[40]大庭脩《大英圖書館藏敦煌漢簡》刊出原簡圖版，惜圖版極不清晰。我以電腦掃描高倍放大，勉強看出以下各點：(1)簡頭有一墨點「・」（　　　　）；(2)羅改釋「黃肅」為「黃帝」（　　　　），正確；(3)「問」字以下三空格，羅以為應作「於力墨」，細審圖版，應作「力墨」。「力墨」二字右側殘（　　　　），但為「力墨」二字無疑。「墨」字以下字跡，太過模糊，無法辨認，暫從舊釋。本文依大庭圖版補釋「力墨」二字，羅氏推測正確。簡(6)出敦18遺址（T.xviii.i.1），簡(7)出敦15甲（T.xv.a.iii.50），不同坑位出土或為同一種古籍《力牧》篇殘文，殊堪注目。又黃帝問力墨或力牧之類的古籍是否必為

---

39 大庭脩，《大英圖書館藏敦煌漢簡》，頁106。大庭書圖版誤攝背面，有字一面缺圖版。

40 羅振玉，〈小學術數方伎書考釋〉，《流沙墜簡》，頁4下。

今塵集：秦漢時代的簡牘、畫像與文化流播
—— 卷一 古代文化的上下及中外流播

《漢書‧藝文志》兵陰陽一節提到的《力牧》十五篇，不能無疑。因為馬王堆漢墓出土的老子乙本卷前古佚書中有《十六經》，論治國用兵。其中〈觀〉這一章也有黃帝與力黑（即力墨或力牧）之間的問答。敦煌所出兩簡太殘，不足以論定出自何書，唯與論兵有關，似無問題。

(8) 出軍行將兩適（敵）相當頗知其勝敗與有功願得射覆什中七以上臣謹問匡息師受□氏 　　　　　　　　　　　　　　　　　　　　　　（新 EPT65.318）

按：圖版僅一部分勉強可辨，茲從原釋。

(9) 《相刀劍》冊 　　　　　　　　　　　　　　　　　（新 EPT40.202-207）

按：原簡冊文字極為工整清晰，太長，不具錄。

(10) ☑‧伯樂相馬自有刑齒十四五當下平 　　　　　（敦 843）（以上圖 1）

按：此簡字跡清晰，七字一句，「刑」、「平」押韻，或為《相馬經》殘文。

　　以上兵書或與射法，或與兩軍對陣，或與兵陰陽，或與辨識刀劍、馬匹好壞有關，似與軍事之知識較有關係，而無關乎精神品質。然則兵法書如江陵張家山漢墓出土的《蓋廬》主張對貴而無義、不孝父兄、不慈、商販不公、暴鷙不鄰、為吏不正、不喜田作等害民者要攻之，對無德者、自置為君、為王者、暴而無親、貪而不仁，重賦斂，苛刻使民者等等也要攻之，反映了義兵的道德思想。[41]再如傳世的《孫子》多言及治氣、治心，何謂義兵、暴兵，何謂榮辱勇却，何謂良將良兵，又長沙馬堆出土的《孫臏兵法》謂「故義者，兵之首也」、「故德者，兵之手」，「故信者，兵之足也」，「故决（決）者，兵之尾也」等等，都和兵、將之精神品質和

---

41　張家山二四七號漢墓竹簡整理小組，《張家山漢墓竹簡（釋文修訂本）》（北京：文物出版社，2006），頁 167。

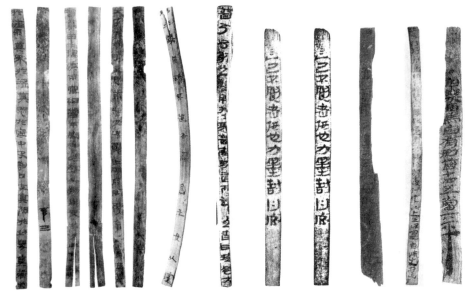

敦 1409AB　1410AB　1411AB　敦 酥油土　敦 Ch 548　敦大 610　敦 Ch 425　敦大 538　新 EPT　敦 843
　　　　　　　　　　　　　　　1412　　　　　　　　　　　　　　　　　　　　　65.318

圖 1

素養有關。[42]青海大通上孫家寨漢墓即曾出土《孫子》殘文。2016
年史語所簡牘整理小組重新釋讀居延簡 268.17「將弱而毋常教道
不」，已證明應為與今本稍有異的《孫子‧地形》殘文，[43]我相信在
失傳的兵書裡，也很可能會有類似內容的篇章。這是邊塞軍中教育
不可少的一環。敦煌懸泉簡還在出版中，可以拭目以待。

---

42　張震澤，《孫臏兵法校理》（北京：中華書局，1984），頁 174-175。
43　此殘簡和《孫子‧地形》的關係最早由常燕娜和顏世鉉提出，經劉洪濤詳細論證。
　　請參劉洪濤、張紅，〈據居延漢簡讀《孫子》一例〉，《簡帛》，第十六輯（上海：
　　上海古籍出版社，2018），頁 157-166。

# 七 餘論：吏治的理想與現實存在差距

　　本文從居延牘 506.7 的重新釋讀談起，首先希望指出這枚牘的語言格式和抄寫形式，都和《為吏之道》這類作品有異，應非教材，而較近於《說苑‧臣術》這類抄輯的吏道格言集或是所謂的語叢。其次，《為吏之道》和《為吏治官及黔首》應非以識字為目的而編寫的教材，它主要為了道德說教，應是精神教育的教材，雖然《為吏之道》也有若干字句比較像是供識字之用。最後，略為蒐集了居延和敦煌出土的儒經和兵書殘簡，勾勒西漢中晚期以降，漢代基層吏員精神素養的某些側面。這些殘簡甚少，是否曾取代《為吏之道》之類作為精神教育的教材，目前不敢說，但可反映基層吏員的部分素養，則可斷言。王莽時曾以能誦《孝經》著錄官簿，王莽之後，是否仍然如此？不可考。但居延和敦煌邊塞也出土了《孝經》殘簡。此外，如前所述，居延和敦煌殘簡還有不少是諸子或《吏》篇這一類典籍的殘文，也有不少時日吉凶、醫方等方面的，都和素養有關。更完整的討論，有待來日。以下僅提一點相關的想法。

　　西漢初的賈誼和東漢中的王充都曾批評當時的刀筆吏或文吏，僅知「刀筆筐篋」，既不知為吏之大體，也不知教化以移風易俗，或謂「志在修德，務在立化，則文吏瓦石，儒生珠玉也」，「令將檢身自勅，不敢邪曲者，率多儒生，阿意苟取容幸，將欲放失，低嘿不言者，率多文吏」，「文吏以事勝，以忠負；儒生以節優，以職劣」。[44]站在儒生的立場，這些對刀筆吏或文吏的批評和觀察不能

---

44　《漢書‧賈誼傳》；吳云、李春台，《賈誼集校注》（鄭州：中州古籍出版社，

說沒道理，也不能說於事實全然無據。但是儒生高懸理想，從理想的高度去觀察，現實世界必然差之甚遠，批評也難免偏頗或嚴苛。

漢儒的批評長期左右了後人對秦漢刀筆吏的一般印象，以為刀筆吏是一批只知處理行政事務，等因奉此，缺乏理想，甚至是內懷邪曲、阿意苟容、不知忠節，有待道德改造之徒。幸好《為吏之道》、《語書》和《為吏治官及黔首》等等，使我們有機會從不同的角度去觀察。這些資料透露秦王朝的統治者最少在理論或理想上，或許不像漢人描繪的那般殘苛失德，暴虐無度。他們其實和漢儒一樣，也要求官吏都該具有忠孝仁愛節義公正一類的基本道德。《為吏之道》指出吏有五善、五失，良善之吏須具有「正直」、「無私」、「毋苛」、「毋暴」、「廉而毋刖」、「寬容忠信」、「慈下勿陵」、「敬上勿犯」、「善度民力」、「審知民能」、「聽諫勿塞」、「尊賢養義」等等德性。秦王政廿年，南郡守下達縣、道的《語書》也大力宣揚何為良吏，何為惡吏，良吏須知法律，廉潔敦愨，自端（正）不爭，具有公心等等。《為吏治官及黔首》不僅指出吏有五善、五失，更言及吏有五過、五則和六殆。

再者，《為吏之道》和《語書》出現在睡虎地秦墓，僅代表墓主喜個人的喜好或具有更為普遍的意義？因乏他例，一直不易評估。近年，類似《為吏之道》的簡編如岳麓書院和北京大學購藏者，正在整理或已刊布，雖然不是真正的考古出土品，這類教材曾普遍存在於秦世和漢初的可能性已大為增加；今後如有更多的出土，證明教材普遍存在，則可確認秦漢王朝對培養基層吏員的道德

1989）、〈勢激〉，頁 76-77；黃暉，《論衡校釋》（北京：中華書局，1990），〈程材〉，頁 534-535。

品質或精神素養用過心。

　　理想上如此，成效如何，當然是另外一回事。這正好像中國歷朝歷代無不要求百官勤政愛民，實效則天差地別。末了，稍稍一提《嶽麓書院藏秦簡（參）》中兩件地方縣道官推薦破案有功的獄吏晉升為郡卒史的推薦文件（其中一件有秦王政二十年紀年）。這兩件除讚許獄史洋、觸、彭祖等人能「得微難獄」，也就是能斷不易判斷的獄案，更一致稱許他們為吏「清潔無害」、「敦愨守事」、「心平端禮」，[45]無獨有偶，江陵張家山漢初 247 號墓出土的《奏讞書》案例二十二有秦王政六年薦舉獄吏為卒史的類似推薦書，除肯定他能「得微難獄」，也用了「無害、廉潔敦愨、守事也平端」這類關乎道德品質，措詞幾乎相同的評語，[46]這些評語和前述吏員精神訓練教材中的用語非常相似，令人感覺像是套話。但這些具體個案無疑仍有助於我們去重新評估秦朝對吏員品質的重視和吏員實際的品質，也多少可以平衡一下漢世儒生對秦吏一面倒的責難，很值得今後進一步深入研究。

99.12.4/100.8.15/107.8.8 再訂

## 簡稱表：

1. 居——勞榦編，《居延漢簡：圖版之部》（臺北：中央研究院歷史語言研究所，1977）

2. 新——甘肅省文物考古研究所，《居延新簡：甲渠候官》（北京：

---

45　陳松長主編，《嶽麓書院藏秦簡（參）》（上海：上海辭書出版社，2013），案例 9、10 或陳松長主編，《嶽麓書院藏秦簡釋文修訂本》（上海：上海辭書出版社，2018），頁 155-160。

46　彭浩、陳偉、工藤元男主編，《二年律令與奏讞書》，頁 378。

中華書局，1994）

3. 敦——甘肅省文物考古研究所，《敦煌漢簡》（北京：中華書局，1991）

4. 大——大庭脩，《大英圖書館藏敦煌漢簡》（京都：同朋舍，1990）

5. Ch——Éd. Chavannes, *Les documents chinois découverts par Aurel Stein dans les sables du Turkestan oriental*（Oxford, 1913）

6. 羅——黃文弼，《羅布淖爾攷古記》（北平：國立北平研究院史學研究所，1948）

## 後記

本文初稿承蒙好友劉增貴、馬怡，學棣劉欣寧指教，謹此誌謝。唯一切錯誤作者自負全責。《古文字與古代史》開會期間，承蒙林素清和曹錦炎先生指教，有以改正。謝謝他們。2016 年 12 月赴香港中文大學開會，又蒙陳偉、劉樂賢和廣瀨薰雄兄指正，2018 年 6 月高震寰博士也提出有益的建議，減少了不少錯誤，極為感謝。

107.8.8 訂補

原刊《古文字與古代史》，第三輯（臺北：中央研究院歷史語言研究所，2012），頁 399-433。

# 從《太平經》論生死看古代思想文化流動的方向

　　風吹草偃，移風易俗之說，由來久矣。古人幾乎一致相信為政者的一言一行，足以左右天下，因此治人者不可不謹言慎行，為天下的模範。《後漢書・馬援傳》馬廖條說：

> 時皇太后躬履節儉，事從簡約，廖慮美業難終，上疏長樂宮以勸成德政，曰：「……夫改政移風，必有其本。傳曰：『吳王好劍客，百姓多創瘢，楚王好細腰，宮中多餓死。』長安語曰：『城中好高髻，四方高一尺，城中好廣眉，四方且半額，城中好大袖，四方全匹帛。』斯言如戲，有切事實。

馬廖的上疏無非是以城中統治者的衣飾好尚為例，對舉君王、宮中和百姓，城中和四方，表達「上有所好，下必甚焉」的觀點。長安人說城裡人所好的高髻、廣眉和半額，城外人會誇大模仿，這雖是戲言，卻切合事實。他據此勸勉皇太后要保持節儉的美德，以勸四方。

　　他的話從社會學的角度看，非常具體地透露出東漢社會風尚由上而下，由宮中、城中向城外四方流播的現象。類似的流播現象，在其他文化思想方面其實也可看到。過去百年，不少西方學者從社會上下階層區分文化，並注意階層間的區隔和流動。許師倬雲早年即以研究春秋戰國的社會階層與上下流動著名。本文順著同樣的理

路，換一個切入點，感覺思想文化的流動，不論由上而下或由下而上，由中而外，由外而中，幾乎都能找到證據。

　　本文不可能去談這個現象的方方面面，只擬暫以先秦諸子之說代表社會上層知識精英的思想，對照很可能是由東漢中晚期士大夫參與，並由較低層道教先行者編寫纂輯的《太平經》，指出先秦諸子以及若干漢代士大夫對生死的看法，如同衣飾好尚由上而下，曾是一個古代思想文化流動的方向。由下而上應該也是一個方向。但有趣的是《太平經》中的若干觀念，如承負、種民等說，迄今卻無法在先秦和兩漢由上層士大夫掌握的傳世文獻或近年龐大的出土文獻中找到痕跡。[1]


# 一　先秦與兩漢士人看生死

　　中國古代的人曾費了不少心思去想像生和死，卻沒有共同一致的答案。大體說來，漢代人承先秦之說，通常相信人之所以「生」是基於「魂」和「魄」的結合，或者說是由氣或精氣、元氣、精神、魂神與形體、形骸或形魄相結合。由於氣、元氣或精神在形體內作用，才有了生命。氣之有無或聚散是生死的關鍵：

1. 《管子‧樞言》：「有氣則生，無氣則死，生者以其氣。」
2. 《莊子‧知北遊》：「人之生，氣之聚也；聚則為生，散則為死。若

---

1　袁宏，《後漢紀‧孝章皇帝紀下卷第十二》（周天游校注本，天津古籍出版社，1987），尚書宗意上疏曰：「匈奴處北種，介以沙漠，簡賤禮儀，衣食殊俗，此乃天一種民也。」此種民指北種之種，與《太平經》之種民無涉。

死生為徒，吾又何患？故萬物一也，是其所美者為神奇，其所惡者為臭腐，臭腐化為神奇，神奇復化為臭腐，故曰：通天下一氣耳。聖人故貴一。」

3. 《韓詩外傳》卷八：「然身何貴也，莫貴於氣，人得氣則生，失氣則死。」

不過，另有一種看法認為魂魄或精神才是關鍵：

4. 《越絕書》卷十三：「越王問於范子曰：『寡人聞人失其魂魄者，死；得其魂魄者生。物皆有之，將人也？』范子曰：『人有之，萬物亦然。』……問曰：『何謂魂魄？』對曰：『魂者，□橐也；魄者，生氣之源也。故神生者，出入無門，上下無根，見所而功自存，故名之曰神。神主生氣之精，魂主死氣之舍也。……』」（李步嘉校釋本）

5. 《文選六十‧弔魏武帝文》注引鄭玄《禮記》注曰：「死，言精神盡也。」

6. 《禮記‧祭義》：「眾生必死，死必歸土，此之謂鬼。骨肉斃于下，陰為野土，其氣發揚于上為昭明，焄蒿悽愴，此有物之精也，神之著也〔焄謂香臭也，蒿謂氣烝出貌也，上言眾生，此言百物，明其與人同也，不如人貴爾〕。」

7. 《禮記‧檀弓下》：「骨肉復歸于土，命也，若魂氣則無不之也。」

8. 《禮記‧郊特牲》：「魂氣歸于天，形魄歸于地，故祭求諸陰陽之義也。」

不論如何，精氣、精神、魂魄與形體，經過一段時間，會耗竭或分散，耗竭或分散則生命終結，也就是死亡。漢代士人論述生死，大體因襲先秦的觀念如精、氣、形、神、魂、魄，作出不同的組合和解釋：

9. 《史記・太史公自序》:「凡人所生者神也,所託者形也。神大用則竭,形大勞則敝。形神離則死,死者不可復生,離者不可復返。故聖人重之。由是觀之,神者生之本也,形者生之具也。不先定其神,而曰我有以治天下,何由哉?」

10. 《漢書・楚元王傳》劉向上疏諫曰:「延陵季子適齊而反,其子死,葬於嬴、博之間,穿不及泉,斂以時服,封墳掩坎,其高可隱而號曰:『骨肉歸復於土,命也,魂氣則無不之也。』夫嬴、博去吳千有餘里,季子不歸葬,孔子往觀曰:『延陵季子於禮合矣。』」

11. 《漢書・楊王孫傳》:「且夫死者,終生之化,而物之歸者也……且吾聞之,精神者天之有也,形骸者地之有也,精神離形,各歸其真,故謂之鬼……」

12. 《白虎通・性情》:「魂魄者何謂也?魂猶伝伝也,行不休也。少陽之氣,故動不息,于人為外,主于情也。魄者,猶迫然著人也。此少陰之氣,象金石著人不移,主于性也。魂者,芸也,情以除穢;魄者,白也,性以治內。」

13. 《論衡・論死》:「人之所以生者,精氣也,死而精氣滅。能為精氣者,血脈也。人死,血脈竭,竭而精氣滅,滅而形體朽,朽而成灰土……神氣之生人,猶水之為冰也,水凝為冰,氣凝為人,冰釋為水,人死後神。」

14. 《後漢書・趙咨傳》:「遺書子胤曰:『夫含氣之倫,有生必終,蓋天地之常期,自然之至數。是以通人達士,鑒茲性命,以存亡為晦明,死生為朝夕,故其生也不為娛,亡也不知戚。夫亡者,元氣去體,貞魂游散,反素復始,歸於無端。既已消仆,還合糞土,土為棄物,豈有性情?而欲制其厚薄,調其燥溼耶?但以生者之情,不忍見形之毀,乃有掩骼埋窆之制。』」

15. 《後漢書‧崔駰傳》崔瑗條:「臨終,顧命子寔曰:『夫人稟天地之氣以生,及其終也,歸精於天,還骨於地,何地不可藏形骸,勿歸鄉里……』」

16. 《西京雜記》卷三:「杜子夏葬長安北四里。臨終作文曰:『魏郡杜鄴立志忠款,犬馬未陳,奄先草露。骨內歸於后土,氣魂無所不之,何必故丘?』然後即化封於長安北郭此焉……」

　　精、氣、形、神、魂、魄的意義在古代文獻裡,有時概念上似乎分別地十分清楚,有時又相互混淆,甚至時見矛盾,難以完全釐清。漢代不少士人認為人死後,回歸到最原始的狀態(反素復始,歸於無端),或者骨朽成灰土,氣魂游散,其與糞土無異,楊王孫謂「死者,終生之化,而**物**之歸者也」,又漢人習稱死為「物故」,人與牛馬器物皆同,適足以見一種十分物化的生死觀。《史記‧匈奴列傳》:「初,漢兩將軍大出圍單于,所殺虜八九萬,而漢士卒**物故**(《索隱》漢士物故。案:《釋名》云「漢以來謂死為『物故』,物就朽故也」。又《魏臺訪議》高堂崇對曰「聞之先師:物,無也;故,事也。言無復所能於事者也。」)亦數萬,漢馬死者十餘萬」;「匈奴大圍貳師將軍,幾不脫。漢兵**物故**什六七。」以物故稱死之例,遍見漢代典籍及出土文書(圖1),不備舉。[2]

　　本文無意全面考察古人如何看待生死,以上僅僅是從先秦和秦漢典籍中摘錄若干代表性的意見,希望能夠概括古代士人階層看法的大致樣貌,並希望有助於以下和《太平經》所見到的相對照。

圖1　居延簡 239.41
局部「物故」

---

2　關於出土文獻中的「物故」,詳參邢義田,〈讀居延漢簡札記〉,《地不愛寶》(北京:中華書局,2011),頁 102-104。

## 二 《太平經》裡的生死

　　《太平經》對生死的解釋，不論語彙或概念，有很大一部分和上述類似，例如：

1. 《太平經合校》卷三十六，〈事死不得過生法第四十六〉：「夫人死，魂神以歸天，骨肉以付地。」

2. 《太平經合校》卷四十二，〈四行本末訣第五十八〉：「神者乘氣而行，故人有氣則有神，有神則有氣，神去則氣絕，氣亡則神去。故無神亦死，無氣亦死……」

3. 《太平經合校》卷九十，〈冤流災求奇方訣第一百三十一〉：「夫人死者乃盡滅，盡成灰土，將不復見。今人居天地之間，從天地開闢以來，人人各一生，不得再生也…今一死，乃終古窮天畢地，不得復見自名為人，不復起行也……」

4. 《太平經合校》卷七十一，〈致善除邪令人受道戒文第一百八〉：「精神消亡，身即死矣。」

5. 《太平經合校》卷七十三至八十五，〈闕題〉：「萬民失氣故死。」

6. 《太平經合校》卷八十六，〈來善集三道文書訣一百二十七〉：「夫氣者，所以通天地萬物之命也。天地者，乃以氣風化萬物之命也。」

7. 《太平經合校》卷一二〇至一三六，〈太平經鈔〉辛部：「天道以死氣為鬼，為物凶咎，子欲使後世常謹常信，自親自愛，神明精氣，不得去離其身，則不知老不知死矣。夫神明精氣者，隨意念而行，不離身形，神明常在，則不病不老，行不遇邪惡，若神明亡，病者立死，行逢凶惡，是大效也。人欲不病，宜精自守……故天地之道，據精神自然而行。故凡事大小，皆有精神…精神減則老，精神亡則死，此自然之分也，安可強爭乎？凡事安危，一在精神，故形

體為家也，以氣為輿馬，精神為長吏，與衰往來，主理也。若明形
體而無精神，若有田宅城郭而無長吏也。」

8. 《太平經合校》卷一三七至一五三，〈太平經鈔〉壬部：「形者乃主
死，精神者乃主生……無精神則死，有精神則生。」

以上解釋了人的生和死。但保證生命存在的氣或精神為何會消
亡而致死呢？原因十分複雜。可因生時善惡之行，所謂「善自命
長，惡自命短」（〈大功益年書出歲月戒第一百七十九〉，頁 525）也可因
承負或先天承受的先人之過。另一個主要的原因是病。人之所以會
病，是因氣或神失調、失度、相爭、相亂或相害。〈解承負訣〉說：

凡人有三壽，應三氣、太陽太陰中和之命也。上壽一百二十，中壽
八十，下壽六十。……如行善不止，過此壽謂之度世。行惡不止、
不及三壽，皆天也。胞胎及未成人而死者，謂之無辜承負先人之
過。多頭疾者，四時氣不和也。多病聾盲者，三光失度也。多病寒
熱者，陰陽氣忿爭也。多病憒亂者，萬物失所也。多病鬼物者，天
地神靈怒也。多病溫而死者，太陽氣殺也。多病寒死者，太陰氣害
也。多病卒死者，刑氣太急也。多病氣脹或少氣者，八節乖錯也。
（頁 22-23）

又《三洞珠囊》卷一〈救導品〉引《太平經》第三十三謂：

真人問曰：「凡人何故數有病乎?」神人答曰：「故肝神去，出遊不
時還，目無明也。心神去不在，其脣青白也；肺神去不在，其鼻不
通也；腎神去不在，其耳聾也；脾神去不在，令人口不知甘也；頭
神去不在，令人眴冥也；腹神去不在，令人腹中央甚不調，無所能
化也；四肢神去，令人不能自移也。……所以人病積多，死者不
絕。」（頁 27-28）

導致死亡，當然還有外在的因素如刀兵溺水等（〈不用大言無效訣第

一百一十〉，頁297），不再細列。

　　總之，因種種原因一般凡人都不免一死。照前文所引例3〈冤流災求奇方訣〉的說法，人一死，就不再是人，也不能自名為人。那麼成為什麼呢？這有幾種可能：一是有極少數得道的人，能上天成仙（圖2），所謂「不死得道，則常上天。」（《太平經合校》，頁450，以下僅引頁碼）或說得道者亦須先一死，唯死後又能復生成仙，謂之尸解。〈不用大言無效訣〉說：「人居天地之間，人人得壹生，不得重生也。重生者獨得道人，死而復生，尸解者耳。是者，天地所私，萬萬未有一人也。故凡人壹死，不復得生也。」（頁298）

　　能得道成仙的萬萬未有一人，絕大多數凡人的歸宿為何？曰成為鬼，居於地下。〈包天裹地守氣不絕訣〉說：「故得道者，則當飛上天，亦是其去世也；不肯力為道者，死當下入地」（頁450），〈大壽誡〉說：「死為鬼」（頁617），〈太平經鈔〉辛部說：「天道以死氣為鬼。」（頁698）〈努力為善法〉說：「守善學，遊樂而盡者，

圖2　山東沂南北寨漢畫像石上的羽人，作者摹本。

為樂遊鬼，法復不見愁苦，其自愁苦而盡者為愁苦鬼，惡而盡者為惡鬼也」（頁73），又〈經鈔〉辛部說：「地下官舍，舍太陰、善神、善鬼」（頁698），可見人生前不論為惡、為善，只要為善的程度尚不足以成仙上天，或者成舍於「八表遠近名山大川官舍」之「天地間精神人

仙未能上天者」（頁 698），都只有入地下成鬼。〈大壽誡〉還提到無
棺槨之鬼，凡人死未以棺槨埋葬，其虫「浮遊於人間，亦無復食之
者……餓乞求食，無有止時」（頁 617）所謂浮遊似非浮遊於地下，
而是浮遊於人間，成為能害人之厲鬼。

　　《太平經》未曾交待清楚的是鬼和人死後的形骸、精神或神魂
的關係。漢代人通常認為人生時精神與形體合一，死後精神或神魂
離肉體而去，前引〈事死不得過生法〉也有此說。一般也認為精神
離開肉體以後，有兩種不同結局。一是魂神歸於天，飛散或無所不
之，而骨肉下地，「盡成灰土」（前引〈冤流災求奇方訣〉）人死成灰
土或鬼，不再是人，也就失去了感官聽、說或看的能力。《論衡》
卷二十一〈死偽〉：

> 且死者精魂消索，不復聞人之言，不能聞人之言是謂死也，離形更
> 自為鬼，立於人傍，雖人之言，已與形絕，安能復入身中暝目闇口
> 乎？〔孫人和曰：雖人之言，文不成義，雖下蓋脫聞字〕（頁 426）

另一說認為離去的魂神又會回到形骸，與形骸合一，開始新的地下
生活。人們多相信鬼能再進入人身。漢承先秦有招魂復魄的說法，
參《儀禮・士喪禮》。《論衡・明雩》：「既死氣絕，不可如何，升
屋之危，以衣招復，悲恨思慕，莫其悟也。」我懷疑「莫」應作
「冀」，形近字壞而訛。前者傾向於相信人死後無知，一切也都不
再存在；後者則以為人死後有知，他們不但需要衣、食、經營另一
個生活，他們還能作弄、禍害或造福活人的世界。在《太平經》
裡，兩說雜然並存。

　　不過《太平經》作者似乎像絕大多數漢代人一樣，基本態度較
傾向於一個有知的死後世界。這從《太平經》對人死後的描述可以
知道。第一，〈葬宅訣〉提到，人死後，飛離的魂神還會回到埋有

屍骨的墳墓或宅地裡：

> 葬者，本先人丘陵居處也，名為初置根種。
> **宅，地也，魂神復當得還，養其子孫。**善
> 地，則魂神還養也；惡地，則魂神還為害也
> （頁182）。

前引〈大壽誡〉則提到無棺槨之鬼則浮遊無
家。這種鬼和形骸、魂神的關係如何？《太平
經》裡沒有清楚交待。一個合理的推測是人死
後，並不立刻化為鬼，先是形骸與魂神分離，
等魂神再回到墓中與形骸相合，才成為鬼。
《後漢書・孝明八王傳》劉暢上疏中有云「魂
魄去身，分歸黃泉」，從「分歸」二字可見應
是先離而後復合。又遼南蓋縣九壟地一號漢墓
出土反書模印文字磚銘有「嘆曰死者，**魂歸棺
槨**，勿妄飛揚，行无憂，萬歲之後**乃復會**」（圖
3）之句，[3]行及復會者無疑應是指魂與魄。

圖3　遼南文字磚拓本
原銘反書，經翻轉。

## 三　《太平經》裡的死後審判

在形骸與魂神分離的階段，要受到死後審判。《太平經》裡有
幾段對死後審判模糊且不甚一致的描述：

1.　〈努力為善法〉：「魂魄居地下，為其復見樂。何謂也？地下得新死

---

3　許玉林，〈遼南地區花紋磚墓和花紋磚〉，《考古》9（1987），頁833。

今塵集：秦漢時代的簡牘、畫像與文化流播
　　——卷一　古代文化的上下及中外流播

之人，悉問其生時所作為，所更，以是生時可為定名籍，因其事而責之。故事不可不豫防，安危皆其身自得之也。真人慎之，見此誡耶？」（頁72-73）

2. 〈努力為善法〉：「其為人君者樂思太平，得天之心，其功倍也。魂神得常遊樂，與天善氣合。其不能平其治者，治不合天心，不得天意，為無功於天上。已到終，其魂神獨見責於地下，與惡氣合處……愚人不深計，故生亦有謫於天，死亦有謫於地，可駭哉！」（頁74）

3. 〈大功益年書出歲月戒〉：「簿疏善惡之籍，歲日月拘校，前後除算減年，其惡不止，便見鬼門，地神召問，其所為辭語同不同，復苦思治之，治後乃服。上名命曹上對，算盡當入土，愆流後生，是非惡所致邪？人何為不欲生乎？」（頁526）

4. 〈有過死謫作河梁誡〉：「大陰法曹，計所承負，除算減年，算盡之後，召地陰神，并召土府，收取形骸，考其魂神。當具上簿書，相應不應，主者為有姦私，罰謫隨考者輕重，各薄文非天所使，鬼神精物，不得病人。」（頁529）

5. 〈不孝不可久生誡〉：「汝善得善，惡得惡，如鏡之照人，為不知汝之情邪？故有善惡之文，同其文墨，壽與不壽，相去若何？生人久視有歲數，命盡乃終。後為鬼，尚不見治問。惡人早死，地下掠治，貴其所不當為，苦其苦處，不見樂時……惡行之人，不可久視天地日月星辰，故藏之地下，不得善鬼同其樂，得分別也。」（頁598-599）

6. 〈不可不祠訣〉：「先人復拘閉祠，卜問不得，得當用日為之。天聽假期至，不為不中。謝天下地，取召形骸入土，魂神於天獄考，更相推排，死亡相次。是過太重，故下其文，使知受天誅罰不怨，可

轉相告語，可令不犯先。」（頁 605-606）

7. 〈不用書言命不全訣〉：「為惡不止，與死籍相連，傳付土府，藏其形骸，何時復出乎？精魂拘閉，問生時所為，辭語不同。復見掠治，魂神苦極，是誰之過乎？」（頁 615）

　　從以上可見，人死似乎須受到審判。審判的對象似乎限於人的魂神或精魂，形骸只是被收取或取，並不在受審之列。但是〈不孝不可久生誡〉說「後為鬼，尚不見治問，惡人早死，地下掠治，責其所不當為」似乎審判又是發生在成為鬼以後。這一點和其他各條有了出入。另一點模糊難解的是魂神是在地下土府受審，還是在天上的天獄受審？說法不一致。《太平經》多處提到天獄，並且明白說天獄在天上，不在地下。例如〈來善集三道文書訣〉說：

　　見到宿星流入天獄中。夫列宿者，善正星也，乃流入天之獄。獄者，天之治罪名處也。恐列士善人欲為帝王盡力，上書以通天地之談，返為閒野遠京師之長吏所共疾惡，後返以他事害之，故列宿乃流入獄中也。（頁 313）

這一段意思不很清楚，如果列宿為善正星，代表列士善人，為何要流入天獄這個上天治罪之處？又此天獄是治活人之罪或死人之罪，也不很明白。從該訣前後文看，似應以治活人之罪為是。但是上引〈不可不祠訣〉中的天獄卻是死後魂神的治罪處。《太平經》在其他篇章中，對人生前與死後的審判，也頗多糊模不清之處。例如〈七十二色死尸誡〉曰：

　　惡者不失其文，輒舉上白，積過眾多。太陰主狀，賞直法輕重，皆簿領過，人不自知，以為無他。太陽明堂錄籍數通，復得部主，神亦數通。天神部上死亡，減年減人世，不可詳念……會欲殺人，簿領為證驗，乃令入土，輒見考治，文書相關，何有脫者。努力遠

惡，無以為伍，可小活竟年之壽……小有過失，上白明堂，形神拘
繫，考問所為，重者不失，輕者減年，神不白舉，後坐其人，亦有
法刑，非但生人所為，精神鬼物亦如是，古者知不敢犯之……（頁
568-569）

根據《太平經》裡的陰陽觀念，天屬陽，地屬陰，因此太陽似應主
活人之善惡，太陰似應主地下死人，但是以上一段分別的並不很清
楚。從「非但生人所為，精神鬼物亦如是」看，人不但生前所作所
為受到審判，化為鬼物以後，在死後世界的作為，仍要受到審判。

　　《太平經》裡有關死後審判最渾沌不清之處在對善者是否上
天？惡者是否下地？交待不清，甚至矛盾。《太平經》將世界大致
上分成四個部分，分別居住不同的人：

**天上官舍**，舍神仙人；**地上官舍**，舍聖賢人；**地下官舍**，舍太陰、
善神、善鬼，**八表遠近名山大川官舍**，以舍天地間精神人仙未能上
天者。（《太平經鈔》辛部，頁698）

另外還有北極崑崙舍於雲中風中，此非人所居，可以不計。前文曾
提到能得道成仙，則當飛上天。如何得道呢？簡單說，曰：「皆以
孝善，乃得仙耳。」（〈不承天書言病當解謫誡〉，頁623）換言之，行
善是成仙上天的重要法門。但是前文也提到，《太平經》認為真能
成仙的少之又少，因此不能不在天地之間另外安排一個「舍天地間
精神人仙未能上天者」的地方。

## 四 審判與善惡

　　這樣一個地方能安頓多少人居舍呢？《太平經》毫無交待。這
些居於名山大川的應是屬於「肯力為道」已成「人仙」（也即地仙），

卻還不足以飛天的，如果不肯奮力為道，絕大部分人只有歸於地下。但是矛盾在於地下卻有善神善鬼，善人之鬼也在地下。前引〈努力為善法〉也說「守善學，遊樂而盡者，為樂遊鬼」，和愁苦鬼，惡鬼等同居地下。因此，如果承認古代埃及和基督教天堂地獄觀念的核心在於死後審判和賞善罰惡，《太平經》裡的死後審判和賞善罰惡都頗多曖昧不清之處。這種曖昧不清在漢代送喪的〈蒿里曲〉中反映得更為清楚：

> 蒿里誰家地，聚斂魂魄無賢愚；鬼伯一何相催促，人命不得少踟蹰。（《文選》，卷二十八，〈陸士衡挽歌詩三首〉李善注引崔豹《古今注》）

圖4　夏承碑「永歸蒿里」

蒿里在地下為死人歸宿，人死歸蒿里是不分賢與愚的。這裡清楚反映漢代人並沒有好人上天堂，壞人下地獄這一類觀念。蒿里或黃泉或幽廬，都在地下，絕不是只有壞人才去的地獄。因此漢代墓碑和墓志裡才以這些地方為死者必然的歸宿，例如：

〈夏承碑〉：「永歸蒿里，痛矣如之……」（圖4）

〈許阿瞿畫象石左側墓志〉：「年甫五歲，去離世榮，遂就長夜，不見日星，神靈獨處，下歸窈冥，永與家絕……」

河南永城漢墓石刻題記：「……下歸蒿里……」[4]（圖5）

〈鮮于璜碑〉：「踰九九，永歸幽廬。」

圖5　永城漢墓題記「下歸蒿里」

---

4　《永城黃土山與酇城漢墓》（鄭州：大象出版社，2010）。

〈嘉祥宋山漢安國墓祠題記〉:「闇忽離世,下歸
黃湶(圖6),古聖所不勉(免),壽命不可諍
(爭)……」[5]

圖6 安國祠堂
題記「黃湶」二
字 作者藏拓

　　從這些題記和碑志可知,漢人並不認為自己
有太多成仙的機會,死入黃泉地下,不論生前善
惡,結局是相同的。他們幻想的地下世界十分類
似地上世界,一樣由郡縣二千石、丞、令等統
治,一樣完糧納稅,一樣須要耕耘勞作和衣、食
生活,甚至一樣須要道德教誨,一樣需要賄賂地下的小吏,求取方
便。這樣模擬自今世的死後世界是無所謂天堂或地獄的。[6]

　　《太平經》中即使有所謂的「天堂」或「地獄」,其賞善罰惡
的作用也被《太平經》裡極重要的承負觀念所稀釋了。承負觀念不
見於其他漢代文獻,是《太平經》中相當核心和特殊的部分,須要
另文詳論。[7]簡單來說,人現世的命運並不完全由一己行為的善惡
所決定,而受到先人善惡的影響,自己的惡行不但損及自己,也會
殃及子孫。能成為神仙上天,不但需要自己一心學道向善,更需要
能免於承負之謫。換言之,一個人不論如何努力,如果祖上曾為
惡,後世承受其殃,則一切也將徒然。這樣一來,個人生前善惡和
死後的命運就不是那麼完然明確了。

　　人死後,由誰審判善惡?《太平經》裡提到很多掌管人命長

5　濟寧地區文物組、嘉祥縣文管所,〈山東嘉祥宋山 1980 年出土的漢畫像石〉,《文
物》,5(1982),頁 63。

6　參吳榮曾,〈鎮墓文中所見到的東漢道巫關係〉,《文物》,3(1981),頁 87。

7　關於承負觀念,請參邢義田,〈太平經對善惡報應的再肯定——承負說〉,《天下一
家》(北京:中華書局,2011),頁 589-597。

短，計算加減人壽以及審查監視人一生行為善惡的大小神或官，包括北極天君（真人）、天上太陽、地下太陰、司命、命曹、計曹、壽曹、天曹等等，但誰是真正的審判者，審判者之間的關係或等級如何？審判雖因罪之輕重有差別，除了模糊提到的「誅」和「減年」，懲罰是否也像陽間一樣有等級和類別？卻十分不清楚，也不見一個稍可歸納的體系和說法。

## 五 小結

總結以上《太平經》作者對生死的觀察，可以證明：

第一，《太平經》非成於一時，也非出於一人之手，其中反映的思想和先秦以來文獻所反映的主流思想沒有根本性的差別，可以證明上層知識精英的想法應曾因《太平經》成為道教的經典而往社會中下層流播。此外《太平經》經常提到的承負和種民等等觀念，不見於先秦和兩漢其他思想家或士人的著作，可證在《太平經》成書的過程裡，也曾吸收了士大夫階層以外，某些潛存於兩漢社會底層而為一般庶民所接受的思想。

其次，《太平經》流露的生死觀多種多樣，也有很多其他典籍不見的細節描述；細節一多，其間矛盾和敘述不明的地方也就顯露地較多。這證明《太平經》不曾經過較系統或細緻的整理，理不出「一套」成系統的解釋。這種情形和兩漢墓葬所反映的複雜情況頗相符合。

第三，《太平經》沒有受到佛教思想的影響。雖然現在已有較多的證據可以證明佛教在東漢初，甚至西漢中晚期最少已存在於現

在的敦煌地區，[8]但《太平經》不見受到影響的痕跡。前賢將《太平經》纂輯成書的時代大致定在東漢末，可以成立。

第四，《太平經》明顯沒有清楚的天堂地獄觀念。雖然偶爾提到人生前作為在死後會受到某種形式的審判，但由誰審判？標準何在？會有什麼不同的後果？都相當模糊。特別值得指出的是絕對沒有古代埃及、基督教或佛教中那樣善者上天堂，惡人下地獄的審判。曾有學者懷疑佛教中具有懲惡勸善意義的天堂地獄觀已於東漢進入中國，甚或影響了《太平經》的作者，這些說法都嫌證據不足。

原刊《中國歷史的再思考：許倬雲院士八十五歲祝壽論文集》（臺北：聯經出版公司，2015）

106.10.22 補訂

---

8　郝樹聲、張德芳，《懸泉漢簡研究》（蘭州：甘肅文化出版社，2009），頁 185-193。

# 再論「中原製造」
## 歐亞草原古代金屬動物紋飾品的產銷與仿製

　　2014 年我在一本小書中，曾針對草原斯基泰風格金屬牌飾等工藝品的生產者，略略提過以下的揣測：

　　一九九九年在西安北郊北康村發現了戰國鑄銅工匠墓，可以說為解決這個問題提供了迄今最有利的證據。墓中發現了很多用於製作金屬工藝品的泥模具和工具，因此可以判斷墓主的身份是一個工匠。從出土模具的紋樣，可以清楚看到泥模具上馬的形像，完全具有草原斯基泰文化藝術的特色，將它和黑海出土的銅馬飾對比，在總體造型和向前反轉的馬腳這最具代表性的特徵上，幾乎一致。

　　這位工匠的墓位於今天西安北郊，墓主應是戰國時代的秦人。他卻依草原遊牧民所喜愛的樣式，製造銅飾品。**這強烈暗示遊牧民的銅飾品至少有一部分產自中原**。華夏中原從戰國時代開始不斷接觸遊牧民族，接受他們的騎射、養馬技術及相關的信仰，同時中原的工匠也製造了大量工藝品輸出到草原。大家知道，漢王朝經常大量賞賜絲綢、糧食、各種工藝製造品給歸順或尚未歸順的草原遊牧民族。寧夏考古研究所的羅豐先生在二○一○年第三期《文物》上發了一篇論文〈中原製造——關於北方動物紋金屬牌飾〉。論文裏面收集了大量這方面的材料，我很同意他的看法，大家可以進一步參考。

以下舉一個羅豐沒提的例子。前蘇聯哈薩克共和國境內阿拉木圖（Kargaly）曾出土一個時代屬西漢晚期，鑲嵌綠松石的金冠邊飾。雖然已經斷裂，但很可能是當地工匠吸收了漢代中原工藝母題元素，也可能即由中國工匠為草原民族所製造。阿拉木圖一帶在漢代是烏孫國的所在，烏孫久為漢代盟國，漢公主曾下嫁烏孫王。因此這裡出土中原工藝品，並不奇怪。

中原工匠在製造的時候，有意無意地會把漢代中原流行的造型元素帶入這些工藝品的構圖裏。例如金冠的怪獸上面坐著羽人，這個羽人的造型與漢代畫像石或銅器上看到的幾乎一樣，瘦瘦長長，帶著翅膀。……這件金冠因此有可能是中原工匠的傑作。此外，我還要稍稍補充一點。中原工匠生產的域外風格工藝品，大概並不只是供應草原牧民，也供應嗜好「洋玩意兒」的本朝王公貴人。中國古代的統治者一向喜歡殊方異物。兩漢書和《西京雜記》都有不少記載。漢武帝的上林苑就是一座域外珍寶和珍禽異獸聚集的博物館。

草原遊牧民因本身生活形態、原料和技術種種限制，能夠生產的高品質「珍寶」十分有限，即使從他人手中輾轉販賣，大概也不能滿足大漢皇室和王公貴族的嗜好。一個解決的方法就是由中原工匠仿製。近年在徐州西漢初諸侯王陵及劉氏親屬墓裏，已發現好幾件具有草原藝術特色的金腰帶扣，有趣的是它們構圖繁複，工藝精緻，也雜有中原造型元素（例如龜、龍），不全然同於草原製品。尤其是徐州獅子山楚王陵出土的一件，背面有中文銘刻「一斤一兩十八銖」、「一斤一兩十四銖」。金銀銅器上註記重量，是漢代工官造器的慣例。因此，我相信諸侯王墓出土的恐怕不是真正來自草原的「進口貨」，而是中原工匠的山寨冒仿品。[1]

---

1 邢義田，〈「圖像與歷史研究」之孫悟空篇〉，《立體的歷史》（臺北：三民書局，

當時提這些，是想支持和補充羅豐先生的「中原製造」說。但倉促間沒能充分論證，有些部分需要進一步說清楚，有些現在看來需要修正。適逢王炳華先生八十華誕祝壽論文集徵稿，因此想藉這個機會修補前說，一方面向從事新疆考古數十年，為古代中外文化交流史奉獻半生的王炳華先生致敬並祝壽，一方面也向這方面其他的先進討教。

## 一 流向草原的牌飾及佩飾

小文仍從西安北郊北康村戰國鑄銅工匠墓的泥模具說起。泥模具中有些具有明顯的草原藝術風格特色，尤其是那件長方形以馬為母題的腰帶牌飾（圖1）。[2]前引小書僅舉了黑海北岸出土的西元前四世紀銅馬飾為例（圖2），說明泥模具中的馬後腿向上翻轉和斯基泰藝術中馬飾造型特色一致，現

圖1　北康村工匠墓出土泥模具，Zhixin Jason Sun, *Age of Empires*, The Metropolitan Museum of Art, New York, 2017, p. 107.

2014），頁 41-47；（北京：三聯書店，2014），頁 47-52。

2　陝西省考古研究所，〈西安北郊戰國鑄銅工匠墓發掘簡報〉，《文物》，9（2003），頁 4-14；《西安北郊秦墓》（西安：三秦出版社，2006），彩版一。同墓出土另一件羊紋飾牌模具也有羊後肢反轉的特徵，參同書，彩版二.1。據烏恩研究，這類長方形牌飾應是裝飾在束腰皮帶上的，並非帶鉤。參烏恩岳思圖，《北方草原：考古學文化比較研究》（北京：科學出版社，2008），頁 327-343。

在打算作些補充。此外，前引
小書中說「中原的工匠也製造
了大量工藝品輸出到草原」
時，完全沒有舉證，現在也想
舉幾件證據，說明中原工匠的
製品確實曾流播到北方草原。

圖2　V. Schlitz, *Les Scythes: et les nomads des steppes*, Gallimard, 1994, p. 252.

　　在歐亞草原地帶所謂的斯
基泰動物紋藝術中，具有獸類
後腿向上翻轉造型特色的例證
極多，本無須多說，可是有兩
件似乎尚少人注意的新疆出土
品值得補充。一件是 1993 年
在阿合奇縣庫蘭薩日克鄉瓊布
隆村西南一處約屬西元前五至
三世紀墓地發掘的金馬飾（圖
3）。另一件是約屬同一時期，

圖3　庫蘭薩日克墓地出土金馬飾，
Zhixin Jason Sun, *Age of Empires*, p. 63.

特克斯恰甫其海墓群出土的骨質雕飾（圖4）。庫蘭薩日克在前蘇聯
吉爾吉斯坦（Kyrgyzstan）伊
賽克湖（Issyk-Kul）東南，
兩地之間隔著天山，直線
距離不到二百公里；恰甫
其海則在伊賽克湖東北約
三百五十公里，而伊賽克
湖周邊正是斯基泰藝術的

圖4　伊犁特克斯縣恰甫其海水庫墓地出土骨
雕牌飾，《絲路傳奇》（臺北：國立歷史博物
館，2008），頁 68。

今塵集：秦漢時代的簡牘、畫像與文化流播
　　　──卷一 古代文化的上下及中外流播

重要原鄉之一，[3]這三地在墓葬形式和陪葬品內涵上有明顯的親緣關係，這篇小文不可能全面去談，僅舉前說涉及的馬紋牌飾為代表。

　　1993 年克孜勒蘇柯爾克孜自治州考古所在庫蘭薩日克鄉瓊布隆村西南約一點八公里處搶救性發掘和清理了四十五座墓中的十座。墓地表面有卵石和土混合堆築的墳堆，其中五號圓形石圍石堆墓是規模最大的一座，石堆下有三個墓室，已被盜，仍然出土了兩件極精美完整的金器。其中一件被稱為金奔馬（圖 3），重 12 克，通高 4.4 公分，長 4.6 公分，以金箔模壓成形。造型特徵和本文討論的銅馬牌飾類似，前蹄彎曲奔騰，後肢翻揚。考古簡報曾比較這樣的造型，認為和烏魯木齊阿拉溝豎穴木槨墓以及巴澤雷克地區墓葬出土的動物牌飾酷似，因而將庫蘭薩日克墓地的時代訂在戰國至西漢之間。[4]有趣的是與此相近或更早，即西元前五至四世紀，伊賽克湖地區已曾出土以金箔模壓製成，類似的鏤空單馬牌飾和具有翻轉後肢特色的麋鹿牌飾（圖 5.1-3）。[5]它們和庫蘭薩日克牌飾、烏魯木齊阿拉溝三十號墓出土虎紋金牌飾（圖 6.1-6.3）之間的文化親

3　伊賽克湖周邊較新的考古發掘和出土品可參 S. Stark and K. S. Rubinson eds., *Nomads and Networks: The Ancient Art and Culture of Kazakhstan*（Princeton and Oxford：Princeton University Press, 2012）.

4　新疆文物考古研究所，〈阿合奇縣庫蘭日克墓地發掘簡報〉，收入王炳華、杜根成主編，《新疆文物考古的新收獲（續）1990-1996》（烏魯木齊：新疆美術攝影出版社，1997），頁 440-449；迪麗努爾，〈淺談庫蘭日克墓地出土的兩件金器〉，《新疆文物》，1-2（2008），頁 72-73。

5　圖版採自 https://en.wikipedia.org/wiki/Issyk_kurgan（2015.10.9 檢索）這樣的金飾據推測原是劍鞘上的裝飾，參 Iaroslav Lebedynsky, *Les Saces: Les‹Scythes›d'Asie, VIII* ͤ *siècleav.J-C.-IV* ͤ *siècle apr.J.-C.*（Paris: EditionsErrance, 2006），pp. 196-199.

圖 5.1-5.2　劍鞘金飾 伊賽克塚墓出土 V. Schlitz, *Les Scythes*, p.302

圖 5.3　劍鞘金飾復原示意圖 I.Lebedynsky, *Les Saces*, 2006, p.197

圖 6.1　　　　　　　　　　　　　　圖 6.2

圖 6.3　以上 1-3 阿拉溝卅號墓出土虎紋金牌飾《シルクロード：絹と黃金の道》（東京：東京國立博物館，2002），頁 24。

緣關係至為明顯。[6]

　　2008 年，一批新疆出土文物曾到臺北國立歷史博物館展出，博物館出版了圖錄《絲路傳奇：新疆文物大展》。其中收錄一件 2004 年伊犁特克斯縣恰甫其海水庫墓地出土的骨牌飾（圖 4）。扁平的骨牌殘長 12.5 公分，最大寬 5.6 公分，平面呈梯形，其上左端畫面殘存淺浮雕的狼或熊，咬著頭部已失的獸，獸後肢向上翻轉，右端畫面完整，一頭狼或熊咬著馬，馬前肢彎曲，後肢翻轉上揚。已有發掘簡報可據，在特克斯河北岸水庫墓地 A 區的 IX、X、XV 墓葬群來說，其時代約自西元前四世紀至西元後八世紀。但出土骨器的 XV 號墓群則屬西元前四至三世紀，個別晚到東漢。不久前，據羅豐轉告發掘人呂恩國提供的消息，這件骨牌出土於特克斯河南岸 B 區三號墓地一號墓（M1），時代約為西元前五至前三世紀，目前還沒有發掘報告發表。[7]以上庫蘭薩日克和恰甫其海的兩件出土品時代約屬戰國早中期，都出現在南西伯利亞和華夏中原之間，可以填補這類造型飾品在時空分布和流傳上的中間環節。新近甘肅張家川馬家塬西戎墓出土戰國末期的金帶鉤，可以填補起戰國末隴西地區的一個環節。鏤空帶鉤上有左右兩對方向相反虎咬鹿的圖案，

---

6　日本高濱秀教授已指出這樣的親緣關係。參氏著，〈新疆における黃金文化〉，收入《シルクロード：絹と黃金の道》（東京：東京國立博物館，2002），頁 184-190。阿拉溝三十號墓出土者雖以虎為飾，其後肢一律向上翻轉，特色相同。

7　由於沒有發掘報告，暫將此地相關的其他考古報告列出，供大家參考：新疆文物考古研究所、新疆特克斯縣文物管理所，〈特克斯縣恰甫其海 A 區 X 號墓地發掘簡報〉，《新疆文物》，1（2006），頁 41-79；新疆文物考古研究所，〈特克斯縣恰甫其海 A 區 IX 號墓地發掘簡報〉，《新疆文物》，2（2006），頁 6-18；新疆文物考古研究所、西北大學文化遺產與考古學研究中心，〈特克斯縣恰甫其海 A 區 XV 號墓地發掘簡報〉，《文物》，9（2006），頁 32-38。

鹿的後肢向上翻轉，構
圖特徵和前述骨雕牌飾
相類似（圖7）。[8]中間
環節填補的越多，越能
排出年代序列，才越有
把握去掌握流播的方向
和過程。

圖7　馬家塬十六號墓出土金帶鈎，《西戎遺珍》，頁61。

　　以下為「中原製造說」再略舉幾件馬紋牌飾為證。其中有些前
賢已經提過，本文擬補充些細節。

　　第一件是盧芹齋（C.T. Loo）藏品中有一件銅質鏤空單馬牌飾（圖
8.1），後收入蘇聯考古學家 M.A.戴甫列特《西伯利亞的腰牌飾》（莫
斯科：1980）一書。這件和北康村戰國墓泥模具上的馬匹極為相
似。戴甫列特的書在臺北無法找到，我僅從《鄂爾多斯式青銅器》
轉見其線描圖（圖8.2）。[9]這一線描圖和《盧芹齋藏中—西藝品集》

（*Sino-Siberian Art in the
Collection of C. T. Loo*）　圖
版比對，我發現二者實
是同一件東西，即盧芹
齋藏品。[10]牌飾上方有一

圖 8.1　*Sino-Siberian Art
of C.T. Loo* plate XXVI.4.

圖 8.2　《西伯利亞的
腰牌飾》線描圖

---

8　甘肅省文物考古研究所編，《西戎遺珍》（北京：文物出版社，2014），頁61。

9　田廣金、郭素新，《鄂爾多斯式青銅器》（北京：文物出版社，1986），頁84，圖
　　52.3。

10　A.Salmony, *Sino-Siberian Art in the Collection of C. T. Loo*（Paris: C. T. Loo, Publisher,
　　1933）.（以下簡稱 *Collection of C. T. Loo*），plate XXVI.4. A.Salmony 將這一牌飾
　　歸屬於受斯基泰沙馬錫安（the Samartians）藝術影響之產物，並認為年代約屬唐代

排五隻朝左，具有勾吻特徵的連環式勾吻鳥首，下方有馬一匹，馬首朝下朝左，前肢一前一後彎曲，後腿一前一後向上翻轉，構圖幾乎完全一樣。由於邊飾花紋不同，可以確定這件腰帶牌飾成品並不是由北康村泥模具直接鑄出，但可以證明造型如此類似的牌飾，一在中國北方長城地帶或西伯利亞發現，一在西安北郊發現泥模具，絕非偶然。羅豐大文已曾引用這件牌飾作為中原工匠製造的證據。[11]這種中原製造的腰帶牌飾很可能自戰國起即流播到了西伯利亞。據田廣金和郭素新的轉述，戴甫列特一書所收牌飾主要是來自前蘇聯科索歌爾窖藏、米努辛斯克盆地（Minussinsk）、圖瓦（Tuva）以及外貝加爾（Transbaikal）墓葬。[12]無論如何，從前述盧芹齋藏單馬牌飾成品和泥模具構圖特徵如此一致來看，戰國中原工匠的製品曾銷售、饋贈或被劫掠到了西伯利亞，應該說是合理的推論。

又羅豐大文曾引用一件自寧夏固原三營紅莊徵集的同型金牌飾。[13]這件戰國時代的牌飾，我有幸於 2004 年 7 月 21 日在固原博物館見到（圖 9）。它的質地欠佳，製作比較粗糙，左右寬窄甚至不一，工藝上完全不能與徐州

圖 9　固原三營出土，2004 作者攝於固原。

（頁 60-69），現在看來顯然過晚。其出土則不明。

11　羅豐，〈中原製造——關於北方動物紋金屬牌飾〉，《文物》，3（2010），頁 56-63。

12　同上，頁 71。

13　同上，圖 5.1。鍾侃、韓孔樂，〈寧夏南部春秋戰國時期的青銅文化〉，《中國考古學會第四次年會論文集》（北京：文物出版社，1985），頁 203-213。感謝陳健文兄提供資料。

等地諸侯王墓出土者相比。馬首方向與北康村墓出土的泥模具相反，也不見鏤空，但邊框繩索紋飾相同，可見這樣紋飾的製品十分受到歡迎，作坊非只一處。固原這件牌飾雖出於徵集，大致可以用來填補從西安到西伯利亞流播路線上的中間環節。

另一件是鄂爾多斯博物館收藏，著錄於《鄂爾多斯青銅器》，造型類似卻又有明顯不同的一對長方形鏤空鎏金銅馬腰帶牌飾（圖 10）。[14]這一對牌飾工藝十分細緻，構圖優美，其特徵和前件以及北康村出土泥模具基本雷同，但鏤空處較多，馬前後肢較瘦

圖 10　《鄂爾多斯青銅器》，頁 183。

細，上方連環式勾吻鳥首由五頭變成七頭。照考古類型學的方式，它們應可歸入同一「型」的不同「式」。尤有甚者，北康村泥模具上的馬後肢向上翻，一向前，一朝後，但馬腹下似另有一彎曲的後肢，十分不自然（盧芹齋著錄的一件也有相同的現象）。鄂爾多斯博物館這一對牌飾將不自然的後肢改成了和其他鏤空處相同的彎曲鳩首紋，化解了不自然的問題。由於《鄂爾多斯青銅器》一書沒有著錄出土信息，非常遺憾無法得知它是出土或徵集品，更不知它的出土地點和時代。不論是不是出土品，或可猜想它應出自今內蒙古地區。這如同前述固原徵集者，也可稍稍填補中原與北亞流播上的中間環節。

研究北亞青銅器著名的艾瑪・邦克（Emma C. Bunker）長年以來

---

14　本金牌飾有一對，見鄂爾多斯博物館編，《鄂爾多斯青銅器》（北京：文物出版社，2006），頁 183。

圖 11　*Traders and Raiders*, no. 66, p. 145.

一直力主許多北亞青銅器乃出自中原工匠之手。[15]她舉的一個例子剛好是和上述單馬牌飾相類又有不同的另一對私人藏鎏金銅帶鈎（圖 11）。[16]一對兩件，長寬分別是 10.9x5.5 公分，11x5.5 公分，估計為西元前三至二世紀之物。牌飾上有左右背對的兩匹馬，兩馬造型姿勢和前述幾件單匹的幾乎一樣，前肢一前一後彎曲，後肢翻轉向上，馬頸部、身腹和後腿有幾乎一樣的螺旋紋飾。艾瑪·邦克在圖版說明中特別指出它們是中國工匠為北方消費者大量製造的經典例證。

　　類似的雙馬牌飾在寧夏回族自治區的同心倒墩子遺址（圖 12.1-2 至 13）和遼寧西豐縣西岔溝匈奴墓都曾出土（圖 14.1-2），[17]也見於

---

15　Jenny F. So and Emma C. Bunker, *Traders and Raiders on China's Northern Frontier*（以下簡稱 *Traders and Raiders*），（Seattle: The Arthur M. Sackler Gallery, Smithsonian Institute, 1995）。尤其可注意此書第四章「西元前六至一世紀中國外銷北方的奢侈品」，頁 53-67。又可參 Emma C. Bunker, *Ancient Bronzes of the Eastern Eurasian Steppes from the Arthur M. Sackler Collections*（New Work: The Arthur M.Sackler Foundation, 1977）,pp.92-95.

16　Op.cit., no.66, pp.145-146.

17　Op.cit., pp.145-146. 原報告見寧夏文物考古研究所等，〈寧夏同心倒墩子匈奴墓地〉,《考古學報》，3（1988），頁 333-356，圖 9 及圖版 15、20。在 1960 年《文物》第八、九期合刊上，孫守道發表了西岔溝古墓群的發掘簡報，認為是匈奴墓地。但隨後有學者認為係烏桓人所遺，如曾庸，〈遼寧西豐西岔溝古墓群為烏桓文化遺跡論〉《考古》，6（1961），其後又有扶餘等不同意見，較新的綜合檢討可參范恩實，〈論西岔溝古墓群的族屬〉,《社會科學戰線》，4（2012），頁 126-137。族屬問題迄今尚難定論。

盧芹齋藏品和其他著錄（圖15）。我可稍作補充的是：第一，這些雙馬牌飾在設計概念上和前述單匹者其實一模一樣，只是將單匹改為相背的兩匹而已，甚至也有改為兩兩相背四匹的（圖16）；其次，牌飾上馬的吻部，有時勾曲如草原藝術中常見的格理芬（griffin），因此有些學者不稱它為馬，而僅名為怪獸或神獸。前文提到有出土自遼寧、寧夏和新疆的，據此可約略想像這樣的牌飾應曾頗為廣泛地流播於蒙古草原、新疆，又由這些地方流入了南西伯利亞。

　　第三類可支持中原製造說的證據是經由考古出土，具有中原藝術母題特色的製品。例如寧夏同心倒墩子同墓所出土的龜龍鎏金及雙龍鏤空銅帶飾（圖17～19）。[18]龜龍或雙龍這樣成組成對的裝飾母題無疑

圖 12.1　同心倒墩子墓出土，*Ancient Bronzes*, fig. A122.

圖 12.2　同心倒墩子墓出土，作者線描圖。

圖 13　*Ancient Bronzes*, fig. A111, p. 79.

圖 14.1　《鄂爾多斯青銅器》，頁 186。

圖 14.2　《鄂爾多斯青銅器》，頁 187。

---

18　寧夏文物考古研究所等，〈寧夏同心倒墩子匈奴墓地〉，《考古學報》，3（1988），頁 333-356，圖 9.9 及圖版 14.1；張文軍主編，《匈奴與中原：文明的碰撞與交融》（鄭州：中州出版社，2012），頁 170。

圖 15 *Collection of C.T. Loo*, plate XXVII.3.

圖 16 *Collection of C.T. Loo*, plate XXVII.2.

圖 17 同心倒墩子墓出土，*Ancient Bronzes*, fig. A123.

圖 18 同心倒墩子墓出土，*Ancient Bronzes*, fig. A120.

圖 19 同心倒墩子墓出土，《匈奴與中原》，中州出版社，2012，頁 170。

圖 20 鎏金銅龜龍牌飾，*Traders and Raiders*, no. 80, p.158.

圖 21.1 南越王墓出土，《廣州秦漢三大考古發現》（廣州：廣州出版社，1999）。

圖 21.2 《西漢南越王墓》上（北京：文物出版社，1991）圖 104.1。

出自中原，非草原固有，其由中原工匠製作（不論製作的地點在中原或因工匠遭虜掠或亡入草原地區）的可能性應大於由草原牧民自身工匠所製作。這正如同我在前引舊文中所說，中原工匠在製造草原藝術風格的牌飾時，有意或無意地將中原流行的母題納入了製品。這樣的長方型雙龍或龜龍牌飾也見於其他著錄（圖 20），甚至出現在廣州市的西漢景、武之世南越王趙眜墓（圖 21.1-2）。此外，盧芹齋藏品和南俄貝加爾湖布瑞阿提亞（Buryatia）附近一處匈奴墓都有構形十分相似的虎咬龍牌飾（圖 22.1-2），龍虎母題習見於秦漢以來的中原裝飾藝術，虎咬龍牌飾不消說也應歸入此類。

　　或許有人會說在歐亞大陸其他地方也曾出土老虎（圖 23.1-2、24）[19]和類似龍的飾物，[20]龍虎都非中原所獨有。可是如果整體評估這些帶有龍紋的出土物以及龍虎成對的組合形式，更為合理的假設應是歐亞大陸其他地方的工匠見到中原產製的飾物後，借用造型，加以仿製。仿製問題，將在下節另說。

　　支持中原製造說的第四類證據是出現在草原地帶，具有中原造

---

19 阿富汗席巴爾甘（Sheberghan）黃金之丘（TillyaTepe）四號墓出土西元一世紀的舌狀金飾上有奔跑的虎（頁 271），頭部似虎，但圖錄解說是豹。因無虎斑，較難確定。但貝格蘭（Begram）出土一世紀的彩繪玻璃杯上則明確有帶虎斑的老虎（頁 198-199）。F.Hiebert and P. Cambon eds., *Afghanistan: Crossroads of the Ancient World* (Lodon: British Museum, 2011)（以下簡稱 *Afghanistan*），pp.198-199, 271.

20 例如張文玲認為阿富汗席巴爾甘二號墓出土的劍鞘和金垂飾中有龍。見所著，《黃金草原》（上海：上海古籍出版社，2012），頁 175-178 及附圖 28、89。林俊雄，〈公元前 2 世紀至公元 2 世紀之間的格里芬和龍〉（收入中國社會科學院考古所、新疆文物考古研究所編，《漢代西域考古與漢文化》〔北京：科學出版社，2014〕，頁 500-501）也談到歐亞大陸中部出現的龍形紋飾。劍鞘上的動物確實可稱為龍，本文下節將再詳述；但席巴爾甘二號墓出土的金垂飾上的雙龍，有翻轉的後蹄，頭部似馬，頭上有角，像羚羊角，整體造型與其說是龍，似不如說更像羚羊或有角的馬。

今塵集：秦漢時代的簡牘、畫像與文化流播
　　──卷一 古代文化的上下及中外流播

圖 22.1　*Collection of C.T. Loo*　plate XXII.3.　　圖 22.2　*Ancient Bronzes*, fig. 242.2, p. 274.

圖 23.1-2　黃金之丘第四號墓出土舌狀金飾，*Afghanistan*, no.190, p. 271.

圖 24.1-2　貝格鑾出土西元一世紀多彩玻璃杯及局部
*Afghanistan*, no.100, pp.198-199.

圖 25　昌吉州博物館藏銅馬垂飾，《絲綢之路：天山廊道》（北京：文物出版社，2014）。

型特色的小型銅馬垂飾。2014 年出版的《絲綢之路：天山廊道》一書收錄不少新疆吉昌州博物館珍藏的草原文物。其中有鄂爾多斯等地常見的小型銅馬垂飾（圖25）。田廣金和郭素新指出這類小型銅垂飾在「整個歐亞草原均有發現」（圖26.1-2、27）。[21]其中標明出土於內蒙古的一件騎馬銅飾引起我的注意（圖28）。這件騎馬銅飾的馬匹在造型上馬頭較大，豎耳如削竹，吻部微張，前胸突出，四肢較粗或短。這和歐亞草原發現的例如盧芹齋藏品（圖26.1-2）以及《鄂爾多斯式青銅器》一書所收錄的（圖27）明顯不同，反而與中國本部例如陝西咸陽市興平道常村出土的西漢陶騎馬俑、洛陽出土西漢畫像磚上的馬、四川綿陽雙包山漢墓所出的黑漆木馬俑或河南偃師寇店出土的鎏金銅馬類似（圖29～32）。它和咸陽興平出土的騎馬俑尤其相似，連馬前胸和後臀的絡馬帶具都幾乎一樣。

今天新疆和甘青地區的青銅製造工業存在極早，其製品吸收歐亞大陸四方八面的造型和工藝技術成分，又向各方輻射，[22]華夏中

---

21　田廣金、郭素新，《鄂爾多斯式青銅器》，頁134。

22　李水城，〈西北與中原早期冶銅業的區域特徵及交互作用〉，《考古學報》，3（2005），頁239-278，李文結尾頁272引林澐先生一段形容中亞草原游牧民族通過大範圍的活動給予周邊地區強大文化輻射的話，我十分贊同。又可參林澐，〈中國北方長城地帶游牧文化帶的形成過程〉，原刊《燕京學報》，第14期（2003），收入羅豐主編，《絲綢之路考古》，第一輯（北京：科學出版社，2018），頁1-34。較新研究可參例如阮秋榮，〈新疆庫車縣提克買克冶煉遺址和墓地初步研究〉，收入《漢代西域考古與漢文化》，頁136-149。與新疆地區古代冶煉工業相關遺物包括石範和坩鍋，可參新疆昌吉回族自治州文物局編，《絲綢之路天山廊道：新疆昌吉古代遺址與館藏文物精品》（北京：文物出版社，2014），圖59、77、251。又林梅村及其團隊最近對塞伊瑪──圖爾賓諾文化的研究也可說明中原古代的冶金術來自歐亞草原。參林梅村，〈塞伊瑪──圖爾賓諾文化與史前絲綢之路〉，《文物》，10（2015），頁49-63及同期另兩篇相關論文，頁64-69、77-85。又可參林梅村，

圖 26.1-2
*Collection of C.T. Loo* plate XXXV. 7-8.

圖 27
《鄂爾多斯式青銅器》，圖版 89。

圖 28　內蒙古出土騎馬銅飾《絲綢之路：天山廊道》（文物出版社，2014）。

圖 29　陝西興平道常村出土西漢騎馬俑王志杰編，《茂陵文物鑒賞圖志》（西安：三秦出版社，2012）。

圖 30　洛陽出土西漢畫像磚周到、呂品、湯文興編，《河南漢代畫像磚》（上海：上海人民美術出版社，1985），圖 13。

圖 31　四川綿陽雙包山《綿陽雙包山漢墓》（北京：文物出版社，2006），圖版 113。

圖 32　河南偃師寇店《中原與匈奴》（鄭州：中州古籍出版社，2012）。

圖 33　湖北棗陽九連墩《荊楚長歌》（太原：山西人民出版社，2011）。

原曾受輻射影響，無可懷疑。不過中原青銅工藝自身的特色和傳統應曾受到多方的影響。現在已有些中國學者主張在歐亞草原東部自西元前第二千紀起已逐漸出現了一個中國北方——蒙古高原冶金區。[23]這裡的製品自殷商之前至春秋戰國不斷向西、向南流播，影響到中原的青銅工藝，反之，北方——蒙古高原冶金區也受到中原的影響。

　　私意以為馬的造型即為一例。工藝傳統一旦形成，雖非一成不變，主要造型特徵每每頑固持續。如果我們稍稍觀察圖 25 至 27 和圖 28 至 35 兩組，即不難看出二者造型風格和傳承上的差異。具有中原造型特色的，最少可上追到戰國中晚期湖北棗陽九連墩二號楚墓出土的青銅馬（圖 33），從此延續到東漢。[24]因此，不能不令我傾向於相信前述內蒙古的騎馬銅飾應由中原工匠製造，或是出自熟知並緊隨中原風格和傳統的工匠之手。此外，具有類似中原風格特色的銅馬飾也見於據傳出自南西伯利亞米努辛斯克盆地的盧芹齋藏品（圖 34），[25]和廣州南越國宮署遺址出土的騎射銅俑（圖 35）。[26]

---

　　《西域考古與藝術》（北京：北京大學出版社，2017）第一、二章，頁1-59.

23　參楊建華等著，《歐亞草原東部的金屬之路》（上海：上海古籍出版社，2016）。另可參單月英，〈中國及歐亞草原出土的長方形腰飾牌與飾貝腰帶研究〉，收入羅豐主編，《絲綢之路考古》，第一輯，頁 127-167。

24　西漢中期以後，因西域非蒙古種馬匹的輸入（如大宛馬）和受到重視，工藝上馬的造型有新的增加，如 1981 年漢武帝茂陵一號陪葬墓一號從葬坑出土的鎏金銅馬，參王志杰編，《茂陵文物鑒賞圖志》（西安：三秦出版社，2012）。但工藝品中以蒙古馬為樣本的馬匹造型仍持續存在。

25　A.Salmony, *Sino-Siberian Art in the Collection of C. T. Loo*, pp.82-83.

26　南越王宮博物館籌建處、廣州市文物考古研究所編，《南越宮苑遺址：1995-1997年考古發掘報告》（北京：文物出版社，2008）。

誠如羅豐所說，這些流入草原的中原製牌飾和佩飾應和北亞和中亞發現的絲繡織品、中原風格銅鏡、漆器、五銖錢幣、建築部件和玉器等等並列同觀，它們共同反映了自戰國以來中原物品流向草原地帶的現象。[27]

圖 34　*Collection of C.T. Loo* plate XXXV. 6.

圖 35　廣州南越國宮署，《南越國宮署遺址》（廣州：廣東人民出版社，2010）。

## 漢朝流行的「異域風」與仿製品

龜龍牌飾出現在景、武之世的南越王墓中，不禁令我聯想到中原工匠製造這樣風格的鎏金牌飾，恐怕不僅僅為了滿足北方草原貴族對奢華飾品的需求，也為了應付漢帝國之內對異域珍奇的好尚。因為域外供應在質或量上不敷需求，激起了中原本地的仿製。

自戰國以來，北方草原游牧民即與燕、趙、秦等國有著頻繁的戰爭、掠奪和貿易關係。他們以馬牛羊等畜產或得自它處的珍異，交換中原的糧食、織物和各種工藝品。中原統治階層十分喜好域外珍異。李零先生研究戰國晚期山東青州西辛墓出土裂瓣紋銀豆，非

---

27　羅豐，〈中原製造——關於北方動物紋金屬牌飾〉，《文物》，3（2010），頁 61-62。

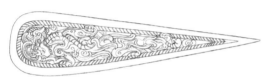

圖 36　《西漢南越王博物館珍品圖錄》（文物出版社，2007），頁 91。

圖 37.1-2　《西漢南越王墓》上（文物出版社，1991）。

常清楚地指出「任何外來風格，一旦受到歡迎，馬上就會引起仿效，買方可以照單定做，賣方可以投其所好。有仿造就有改造。……漢代的諸侯王陵，特別喜歡異國情調，這在當時是一種風尚。比如南越王墓的銀豆和玉來通就是這種混合風格的典型。」[28]李零的論斷正合敝意。南越國當然不能算是漢帝國內部，南越國自有工官作坊，也自中原及南海進口各種珍異之物。唯南越國由秦南海郡尉趙佗所建，時屬景、武之世的趙眜墓出土不少帶有斯基泰風韻的牌飾和馬飾（圖 36～37.1-2），這和下文將談到的漢初諸侯王墓對草原藝術風格的好尚，可以說有相當高的一致性，一致反映了戰國以來中原統治者對異域文物的普遍愛好。[29]

這個愛好很可能源自戰國時代和草原游牧民接觸較多的趙、燕、秦等國。秦國的淵源目前已有張家川馬家塬西戎墓地出土的金

28 李零，〈論西辛戰國墓裂瓣紋銀豆〉，《文物》，9（2014），頁 68。其他學者對裂瓣紋銀豆的研究及看法又可參黃珊，〈裂瓣紋銀盒與帕提亞文化的東傳〉《考古、藝術與歷史：楊泓先生八秩華誕紀念文集》（北京：文物出版社，2018），頁 1-10。

29 廣州市文物管理委員會等編，《西漢南越王墓》（北京：文物出版社，1991），頁 331-349。

　今塵集：秦漢時代的簡牘、畫像與文化流播
　　——卷一　古代文化的上下及中外流播

器和前述西安北康村工匠墓的泥模具等線索，[30]而河北易縣燕下都遺址辛莊頭卅號墓出土的金牌飾和馬飾則可證明戰國時期的燕國，不但吸收了北方草原裝飾藝術的元素，並且從器背銘刻文字可知其為自製。以下要特別提一下和本文相關的長方形馬紋牌飾和有後肢向上翻轉特色的桃形雙馬金飾（圖38.1-4）。

河北易縣燕下都城內共有三個墓區，其中只有辛莊頭墓區中的三十號墓出土了金飾八十二件，其中二十件背面有銘刻重量若干兩若干銖的文字。[31]長方形飾牌有五件，分為二式。共同的特色是背面有突起的橋形鈕，部分表面有織布紋，正面邊框都有繩紋，邊框內有兩匹相對跪伏的馬，馬後肢姿態自然，沒有刻意向上翻轉。I、II式之別主要在於I式一側多了一個牛頭。有趣的是出自同墓的桃形金飾，其上兩匹相上下對臥的馬後肢都明確向上翻轉，一肢向前，一肢朝後。這和西安北康村秦墓出土泥模具上的馬姿幾乎一樣，差別僅在前者為桃形有馬兩匹，後者為長方形僅馬一匹。而這樣上下對臥的動物牌飾也見於屬西元前三、二世紀，鄂爾多斯出土似馬又似格里芬的牌飾（圖39）。其不同在於馬或格里芬後肢沒有

---

30　秦的風尚當與西戎有關。最近甘肅張家川馬家塬戰國時期西戎墓出土大量的金銀器以及王輝的研究都提供了最好的證據。參王輝，〈張家川馬家塬墓地相關問題初探〉，原刊《文物》，10（2009），收入羅豐主編，《絲綢之路考古》，第一輯，頁82-90；〈馬家塬戰國墓地綜述〉，收入甘肅省文物考古研究所編，《西戎遺珍：馬家塬戰國墓地出土文物》（北京：文物出版社，2014），頁68。又可參甘肅省文物考古研究所、清水縣博物館編，《清水劉坪》（北京：文物出版社，2014）以及書中頁12-45王輝所寫〈概述〉。

31　河北省文物研究所編，《燕下都》（北京：文物出版社，1996），頁721。原報告線描圖印刷欠清晰，本文圖38.1描圖採自石士永、王素芳，〈燕文化簡論〉，《內蒙古文物考古文物》，1-2（1993），頁117。

向上翻轉，但遭虎或熊咬住。不論如何，這樣獸咬獸的構圖和姿勢已足以說明它們和歐亞草原斯基泰藝術風格的關係。戰國時代的秦和燕不約而同出土了這類明顯自製的金飾或泥模具，可證其廣受歡迎，到漢代仍然如此。

以下接著談談西漢諸侯王陵具有草原藝術特色的仿製飾物。較好的例證見於江蘇徐州獅子山楚王陵、盱眙大雲山江都王墓、河南永城芒碭山梁王墓、山東長清濟北王陵、章丘洛莊漢初呂國王墓以及最近發掘的江西南昌海昏侯劉賀墓，其中鎏金銅牌飾及馬具當盧、節約尤其可為代表（圖 40.1-2～46.1-2）。[32]它們明顯都不是自草原進口，而是諸侯王國接受朝廷賞賜或由王國作坊所造。這一點論說者已不少，應該可以得到多數人的同意。[33]

本文首先想補充的是自漢初以來，漢廷不時因不同的原因和在不同的場合，賞賜諸侯王各種物品，有時為得自域外者。例如，

---

32  相關著錄請參李銀德主編，《古彭遺珍：徐州博物館藏文物精選》（北京：國家圖書館出版社，2010）；閻根齊主編，《芒碭山西漢梁王墓地》（北京：文物出版社,2001）；張文軍主編，《匈奴與中原：文明的碰撞與交融》（鄭州：中州出版社，2012）；崔大庸，〈山東考古大發現——洛莊漢墓〉，《中國國家地理》，8（2001）；崔大庸，〈洛莊漢墓9號陪葬坑出土北方草原風格馬具試析〉，《中國歷史文物》，4（2002），頁 16-25；崔大庸，〈山東章丘洛莊漢墓出土的鎏金銅當盧〉，《文物世界》，1（2002），頁 24-26；崔大庸、高繼智，〈章丘洛莊漢墓發掘成果及學術價值〉，《山東大學學報（哲學社會科學版）》，1（2004），頁 25-28；王永波，《長清西漢濟北王陵》（北京：三聯書店，2005）；江西省文物考古研究所、首都博物館編，《五色炫曜：南昌漢代海昏侯國考古成果》（南昌：江西人民出版社，2016）。
33  例如黃展岳，〈關於兩廣出土北方動物紋牌飾問題〉，《考古與文物》，2（1996），頁 55-60；潘玲，〈矩形動物紋牌飾的相關問題研究〉，《邊疆考古研究》，3（2005），頁 126-145；盧岩、單月英，〈西漢墓葬出土的動物紋腰飾牌〉，《考古與文物》，4（2007），頁 45-55。感謝石昇烜提供資料。

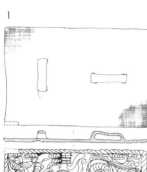

1

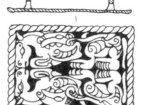

2

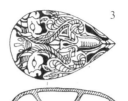

3

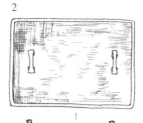

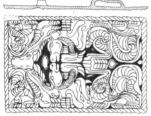

I 式線繪圖

II 式線繪圖

圖 38.1-3 〈燕文化簡論〉，頁 117。

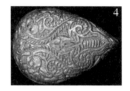

4

圖 38.4 《燕下都》（1996），彩版 31.2。

圖 39 V. Schlitz, *Les Scythes et les nomads des steppes*, p. 289.

圖 40.1 徐州獅子山楚王陵《古彭遺珍》，頁 276。

圖 40.2 前圖作者線描圖

圖 41.1-2 盱眙大雲山江都王墓出土鎏金節約及線描圖《考古》，10（2013）。

再論「中原製造」 225

圖 42　永城梁孝王后墓出土鎏金當盧圖，《匈奴與中原》，頁 134。

圖 43.1-2　永城梁孝王后墓出土　　　圖 43.3　《芒碭山西漢梁王墓地》，頁 57 圖 26.1。
鎏金節約，《匈奴與中原》，頁 13。

圖 44.1-2　《長清西漢濟北王陵》，頁 125。

圖 45.1　金當盧　　　　　圖 45.2　金節約　　圖 45.3　金格里芬

以上章丘洛莊漢墓九號陪葬坑圖版採自網路 http://www.dili360.com/cng/article/
p5350c3d67897101.htm
崔大庸〈山東考古大發現——洛莊漢墓〉，《中國國家地理》，8（2001）。

　今塵集：秦漢時代的簡牘、畫像與文化流播
　　　　　—— 卷一　古代文化的上下及中外流播

1993 年江蘇連雲港尹灣功曹史饒墓曾出土「永
始四年（西元前 13 年）武庫兵車器集簿」木牘一
件，其上列有前綴「乘輿」二字的兵車器五十
八種，十一萬件，又列有「烏孫公主、諸侯使
節九十三（按：節指使者所持之節）」以及「郅支
單于兵九（按：兵指兵器）」。[34]我曾指出西漢昭
宣以後的東海郡，在漢初曾有部分疆域屬漢初
劉交的楚國。諸侯王國之制比擬漢朝，因此武
庫一部分兵器會有「乘輿」二字。[35]宣帝時，匈
奴郅支單于曾遣子入侍，後反叛，威迫烏孫。
元帝建昭四年（西元前 35 年）甘延壽和陳湯等誅
郅支，斬王以下首級一千五百。所謂郅支單于
兵、烏孫公主和諸侯使節，應該是漢朝廷為顯
耀武功，以所虜獲域外戰利品分賜郡國，以見
證大漢天子之威。這些漢初以來王國的兵器和
後來得到的賞賜，都長期保存在東海郡的武庫

圖 46.1　海昏侯墓出
土的金節約，採自
《五色炫曜》。

圖 46.2　海昏侯墓出
土青銅節約
2018.12.4作者攝於江
西省博物館。

中。除了戰利品，諸侯王或貴臣薨，朝廷時或賜以東園祕器。可是
徐州諸侯王陵出土的金或鎏金飾帶，是否出於朝廷賞賜，或出自王
國本身的工官作坊，難以論定。不論如何，其工藝之精緻美觀，遠
遠超出北亞或中亞出土的類似之物。以徐州獅子山楚王陵所出雙熊

---

34 連雲港市博物館等編，《尹灣漢墓簡牘》（北京：中華書局，1997），頁 103-106、
　　115、117；張顯成、周群麗，《尹灣漢墓簡牘校理》（天津：天津古籍出版社，
　　2011），頁 43-52、69、73。

35 邢義田，〈尹灣漢墓木牘文書的名稱和性質〉，收入邢義田，《地不愛寶：漢代的簡
　　牘》（北京：中華書局，2011），頁 133-137。

咬馬金腰帶和永城梁王后陵九號陪葬坑出土鎏金當盧和節約為例，其紋飾極其繁複而優美，可謂金銀飾物之極品。獅子山楚王陵所出者側面甚至有「一斤一兩十八朱（銖）」、「一斤一兩十四朱（銖）」刻銘，[36]尤足以證明其為官方作坊製品而非自草原進口，雖然它們都明顯具有草原斯基泰動物紋飾的特色。

圖 47　《鄂爾多斯青銅器》，頁 170。

圖 48.1-2　日本美秀美術館藏鎏金銀銅帶鈎，Giuseppe Eskenazi, *A Dealer's Hand*（London: Scala Publishers, 2012）, no. 67, p. 201.

總之，具有這樣特色的金或鎏金之物竟然出現在時代相去不遠的江蘇徐州、盱眙、山東長清、章丘、江西南昌和河南永城的諸侯王或王后陵墓中，這無疑反映了自漢初以來上層諸侯與親貴相當普遍的好尚。類似的雙熊咬馬牌飾也曾出現在內蒙古和國外的收藏（圖 47、48.1-2），但無論成色或工藝似乎都不能與楚王陵所出者相比，疑其或自中原流出，或為草原工匠所仿製。

其次，本文想略略一說的是過去較少人談到的鎏金節約。這種鎏金節約多為圓形，直徑約二至五、六公分左右，模壓而成。正面突起如泡，有以熊頭和雙爪占主體的紋飾（圖 37.1-2、 41.1、43.1-2、

---

36　李銀德主編，《古彭遺珍》，頁 277。

44.2、45.2、46.1-2、49、50.1-4、51.1-2）。

節約背面有供馬首韁繩穿過，高高弓起，二橫二豎四道或僅兩道的橋形鈕。節約一方面用以套結多向的韁繩，一方面也成為馬首的裝飾。這樣的節約不約而同在河南永城、山東洛莊諸侯王以及廣州南越王墓中出土，飾紋都是帶雙爪的熊首，熊首正面朝前，左右各一大耳，頭首下方左右則為雙爪。過去少有人談到這種秦或漢初節約紋飾的來歷。[37]近日看到時代屬西元一至二世紀，羅斯托夫（Rostov）地區沙多唯（Sadovyi）的塚墓中曾出土了直徑約 4.9 公分，用於馬具的圓形鑲綠松石熊首鎏金飾，但可能因鑲了綠松石，熊首下方左右並沒有爪的痕跡（圖 50.1）。羅斯托夫博物館另藏有 1987 年寇比亞寇沃（Kobyakovo）十號墓出土屬西元一、二世紀間，直徑 6.4 公分的獸紋鎏金泡（圖 50.2）。1974 年在黑海東岸的克拉斯諾達爾（Krasnodar）的村子裡偶然出土兩件鎏金、銀的馬勒裝飾，直徑 6.6 公分，其上有獸頭紋，似狐又似熊（圖 50.4）。1975 年在克拉斯諾達爾的喬治皮亞（Gorgippia）塚墓二號棺內曾出土西元二世紀至三世紀中期獅首紋飾的鎏金泡。[38]獅首正面朝前，兩眼圓睜，吻部突出（圖 50.3）。這樣以獸首為主題的裝飾在歐亞大陸西端頗為流行。蒙古草原也曾出現它的踪跡，銅質鎏金，紋飾雖已漫漶，但獸

---

37 Emma Bunker 曾有數語言及，參所著，*Ancient Bronzes of the Eastern Eurasian Steppes*, p. 263.談的較多的是潘玲，〈矩形動物紋牌飾的相關問題研究〉，《邊疆考古研究》3（2005），頁126-145，同文收入《伊沃爾加城址和墓地及相關匈奴考古問題研究》（北京：科學出版社，2007），頁161-194。

38 參日本朝日新聞社 1991 年出版的圖錄 *The Treasures of Nomadic Tribes in South Russia*, p.141; 法國 MuséeCernuschi 博物館出版的圖錄 *L'Or des Amazones*（Paris: 2001），p. 272.

圖 49　*Ancient Bronzes*, no. 228a-d, p. 263.

1　　　　　2　　　　　3　　　　　4

圖 50.1-3　*L'Or des Amazones*, 2001, pp.199, 235, 272.

圖 50.4
*The Treasures
of Nomadic
Tribes*, p. 81.

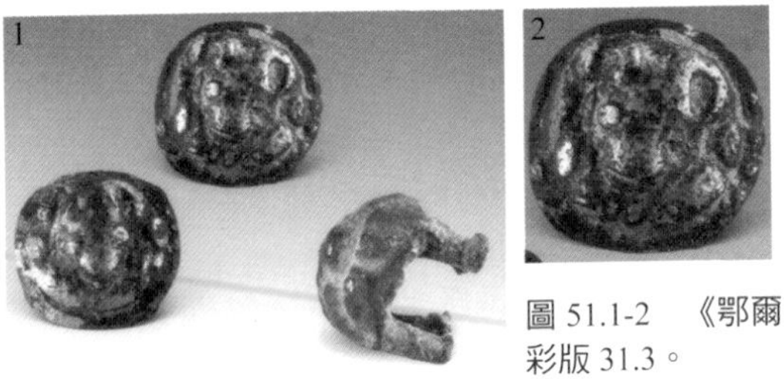

圖 51.1-2　《鄂爾多斯青銅器》，頁 246，
彩版 31.3。

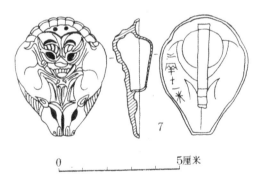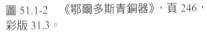

圖 52.1　《燕下都》　　圖 52.2〈燕文化簡論〉，頁 117。

　今塵集：秦漢時代的簡牘、畫像與文化流播
　　　　——卷一　古代文化的上下及中外流播

面朝前，大眼、突吻和一雙大耳仍可清楚辨識，其為熊首無疑，可惜沒有出土信息可據（圖 51.1-2）。有出土信息的是戰國晚期燕下都辛莊頭三十號墓出土的鑲有綠松石的金熊和羊節約（圖 52.1-2）。

　　必須聲明的是我沒能在歐亞大陸西端找到早於戰國晚期或西元前三世紀獸紋節約的例子。[39]這可能是因為我所知太少，也可能的確沒有，有待進一步研究。再者，獅子紋的馬首裝飾似乎沒有受到蒙古草原牧民和中原統治者的青睞，熊、羊、牛、象頭紋卻受到歡迎和接納。[40]由此可知，在文化流播和借取的過程中，不論是草原或中原的消費和生產者都在不同程度上作了選擇，不是所有的紋飾母題都照單全收。那麼，在中原由誰作選擇呢？

　　漢代中原的選擇和消費者主要是上層的統治精英，而生產者似以官方作坊為主。他們引領的「異域風」由漢廷吹向諸侯王國，再影響到全帝國。《後漢書·馬援傳》記載馬廖在上疏中曾有以下一段話：

　　時皇太后躬履節儉，事從簡約，廖慮美業難終，上疏長樂宮以勸成

---

39　在今巴基斯坦北端 Taxila 曾出土時代屬西元一世紀，背面有橋形鈕的銅節約，但另一面全無紋飾。參 Iaroslav Lebedynsky, *Les Saces*, p.204.

40　銅質節約最少自西周早期即已出現在貴族的車馬坑，也曾出現在夏家店上層約屬西周中晚期的遺址中。例如洛陽北窯早中晚期墓葬都出土了十字形、X 形管狀、長方扁形或圓泡形等不同形式的銅節約，多數為極簡單的幾何紋或獸面紋，少數有象頭紋（圖 82.3，頁 142），但未見獅、熊之類。參洛陽市文物工作隊，《洛陽北窯西周墓》（北京：文物出版社，1999）；〈洛陽北窯西周車馬坑發掘簡報〉，《文物》，8（2011），頁 4-12；《夏家店上層文化的青銅器》（韓國出版展覽圖錄，2007），圖 173-177。夏家店上層遺址出土其他銅飾有些有明顯草原紋飾因素，但銅節約和洛陽北窯出土的基本類型（十字形、X 形管狀、圓形）十分相似，有一件所謂的鳥紋節約（圖 177），但無獸形紋飾者。

德政，曰：「……夫改政移風，必有其本。傳曰：『吳王好劍客，百姓多創瘢，楚王好細腰，宮中多餓死。』長安語曰：『城中好高髻，四方高一尺，城中好廣眉，四方且半額，城中好大袖，四方全匹帛。』斯言如戲，有切事實。

馬廖的上疏無非是對舉君王、宮中和百姓，城中和四方，以城中統治者的衣飾好尚為例，表達「上有所好，下必甚焉」的觀點。長安人說城裡人所好的高髻、廣眉和半額，城外人會誇大模仿，這雖是戲言，應相當切合事實。因此他才能以此長安俗語勸勉皇太后要保持節儉的美德，以勸四方。他的話從今天社會學的角度看，非常具體地說明東漢社會風尚或流行文化由上而下，由宮中、城中向城外四方流播的現象。

漢代最能夠掌握域外珍異的無疑是漢天子、重臣及諸侯貴戚。不論透過四方朝貢或變相的貿易，漢帝國周邊國族的使者或商人將值錢的珍稀源源送到長安或洛陽。以長安而論，《三輔黃圖》載長安奇華殿「在建章宮旁，四海夷狄器服珍寶，火浣布、切玉刀、巨象、大雀、師子、宮（宛）馬、充塞其中。」[41]此外，長安城西的上林苑則聚而栽植了異域珍奇植物。《三輔黃圖》謂：「扶荔宮，在上林苑中。漢武帝元鼎六年破南越，起扶荔宮。以植所得奇草異木，菖蒲……、山薑……、甘蔗……、留求子……、桂……、密香、指甲花……、龍眼、荔枝、檳榔、橄欖、千歲子、甘橘皆百餘本。」[42]方三百里的上林苑據說曾種植「群臣遠方」所獻「名果異

---

41  何清谷校注，《三輔黃圖校注》（西安：三秦出版社，1998），頁 168。《漢書·西域傳》說：「鉅象、師子、猛犬、大雀之群食於外囿，殊方異物，四面而至。」

42  何清谷校注，《三輔黃圖校注》，頁 195-196。

卉」達三千餘種。[43]

　　帝王好尚不但影響到像梁孝王這樣的諸侯王，去修築「延亘數十里，奇果異樹，珍禽怪獸畢有」的兔園，[44]也激起茂陵富人袁廣漢在咸陽北方的北邙山下大築園囿，畜養「奇珍異禽」和「奇樹異草」。袁廣漢後來有罪被誅，「鳥獸草木皆移入上林苑中。」[45]此風為東漢所承，較有名的要數東漢明帝、明帝時的楚王劉英和靈帝。明帝曾「遣郎中蔡愔、博士弟子秦景等使於天竺，寫浮屠遺範。愔仍與沙門攝摩騰、竺法蘭東還洛陽。中國有沙門及跪拜之法，自此始也。愔又得佛經四十二章及釋迦立像。明帝令畫工圖佛像，置清涼臺及顯節陵上，經緘於蘭臺石室。愔之還也，以白馬負經而至，漢因立白馬寺於洛城雍門西。」[46]明帝時的楚王劉英「尚浮屠之仁祠」，「學為齋戒祭祀」。[47]帝王和諸侯王之所好引導了流行，洛陽甚至出現了中土第一座佛寺。靈帝則以好胡服、胡帳、胡牀、胡坐、胡飯、胡空侯、胡笛、胡舞著稱，《續漢書・五行志》接著明確地說：「京都貴戚皆競為之」。以上這些好尚異域宗教或物質文化的現象頗合於東漢初馬廖所說的話。

　　喜好異地奇物的並不是只有兩漢帝王和諸侯王。漢初宦者中行說投奔匈奴，曾對匈奴單于喜好漢廷所賜繒絮食物，極不以為然（《漢書・匈奴傳》，頁 3759）。中原產製的繒絮食物對匈奴貴人而言，

---

43　同上，頁 216。

44　同上，頁 208-209。

45　同上，頁 220。何清谷注引陳直說，謂自咸陽北面高原至興平一帶，農民稱為北邙坂，與洛陽北邙山名同實異。

46　《魏書・釋老志》，頁 3025-26。

47　《後漢書・光武十王傳》，頁 1428。

圖 53.1　作者攝於廣
州南越國宮署遺址博
物館，2017.8.18。

圖 53.2　《南越國宮
署遺址》，頁 64。

圖 53.3　玉佩飾殘件，採自《五
色炫曜》。

也是異域珍奇。由此一端，可以推想具有「異域」特色的物品，市
場廣大，不限中原。除了中央和諸侯王國的工官作坊，應也曾有不
少民間作坊參加模仿，供應中外不同層級市場的需求。過去《西京
雜記》被視為後世偽書，不受重視，但其中若干記載，例如鉅鹿的
織匠陳寶光，長安的鑄作巧工丁緩、李菊，卻不妨看作是私人紡織
和鑄造作坊存在的遺影。又《西京雜記》提到高帝、武帝、宣帝和
哀帝時，中外各地獻異物，影響到一時之好尚，例如本文特別討論
的馬匹飾物：

> 武帝時，身毒國獻連環羈，皆以白玉作之。瑪瑙石為勒，白光琉璃
> 為鞍，鞍在闇室中，常照十餘丈，如晝日。**自是長安始盛飾鞍馬，**
> **競加雕鏤，或一馬之飾直百金。**[48]

這裡說到受身毒國影響，以各種寶石盛飾鞍馬，可惜目前還無法從
考古出土上得到證實。其實中原馬匹各部分的裝飾，甚至騎士的裝
束，自戰國以來即深受草原牧民的影響。前述山東、江蘇、河南西
漢諸侯王墓和廣州南越王墓中所見斯基泰藝術風格的金、鎏金當

---

48　向新陽、劉克任校註，《西京雜記校註》（上海：上海古籍出版社，1991），頁
　　78。

盧、節約或腰帶扣飾，可以說
都是這種風尚下的產物。

值得一提的是在南越國宮
署遺址曾出土一種和金熊節約
造型相同，用以舖墊宮室台階
的空心磚（圖53.1-2）。這頗可
證明來自域外的熊造型深受歡
迎，不僅用於仿製馬具，更曾
被應用到其他的裝飾上。同樣
轉移應用的情形也見於南昌海
昏侯墓出土的玉飾殘件（圖
53.3）。殘件上可清晰看見雙熊
咬著某種獸類或野豬的背部。
安徽巢湖北山頭一號漢初墓出
土的兩件漆盒上分別有極精美
對稱的四馬圖案，四馬一致翻
轉後肢，底部刻有「大官」二
字（圖54.1-3、圖55.1-2）。[49]

以上種種具斯基泰風格的
紋飾母題被仿製到金帶飾，甚
至只有華夏中原才產製的漆器
和玉飾上，不但充分說明異域

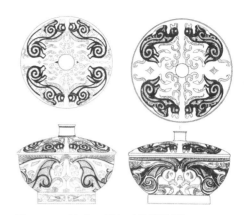

圖54.1-3　漆盒，採自《巢湖漢墓》，
頁112-113，圖80、81。

圖55.1-2　漆盒，採自《巢湖漢墓》，彩
版50.4-5。

---

49　安徽省文物考古研究所，巢湖市文物管理所編，《巢湖漢墓》（北京：文物出版社，
　　2007），頁111-113。

裝飾母題或造型的轉移應用，更足以證明西漢流行的風氣。尤其值得注意的是巢湖北山頭一號墓的墓主，據考古報告分析，不是一般平民，但也不是西漢初年的諸侯或侯，比較可能僅僅是漢代居巢縣的縣令、長之類。如果此說正確，自戰國以來原本在上層貴族和諸侯王國流行的異域風，在文景之時似乎已向下吹到了地方首長這一級。[50]

## 三 域外與域內的仿製

工藝品相互仿製是文明交流過程中常見的現象。所謂仿製可有幾層意義：一是製造技術的引入或輸出，二是裝飾母題或形式的模仿，三是母題或形式模仿後的再創造或在地化。在數千年漫長的歲月裡，在歐亞大陸這塊廣濶的區域內，工藝接觸和模仿的過程極其複雜，至今仍有太多的謎，但可以確信的是其中應有很多不是直接

---

50  《巢湖漢墓》，頁 149。經進一步考察墓中出土的「曲陽君胤」玉印及大量質地頗佳的銅玉器、底部刻有「大官」字樣的漆器、有「乘輿」銘的銀盤以及無論造型和製作都和廣州南越王墓出土相同的裂瓣紋銀豆，我原本揣想墓主為侯國之君的可能性似乎應比縣、令長更高。可是 2011-17 年山東青島土山屯出土的西漢末期前後的劉氏墓群有大量精美的玉、漆、銅器，其中 147 號墓墓主明確為漢琅邪郡堂邑縣令劉賜，出土玉印、玉璧、玉溫明，甚至大片鋪於棺底的玉席，精美鑲嵌金箔的漆器等，使我們不能排除西漢某些身分特殊的縣令長（劉賜或為漢室宗親）的墓葬也可能藏有高規格的陪葬器物。參青島市文物保護考古研究所、黃島區博物館（鄭祿紅、翁建紅執筆），〈山東青島市土山屯墓地的兩座漢墓〉，《考古》，10（2017），頁 32-59 以及 2018 年 CCTV「探索發現——琅邪漢墓發掘記（二）」電視報導 https://www.youtube.com/watch?v=AFQYr9n5jvc。

接觸和模仿,而是層層間接的再仿製。其結果,有些還有痕跡可尋,有些已桃僵李代,面目難辨。這個問題太大,以下僅能略舉一二例。

就工藝技術而言,羅豐前引大文曾據艾瑪·邦克、林嘉琳(Katheryn Linduff)和小田木治太郎對牌飾製造技術不同的看法,進一步復原了模具範鑄的工藝流程,並指出失織——失蠟法和套鑄法可能並存,硬模鑄造可能用於大量生產的青銅牌飾,而失織——失蠟法則或僅用於貴金屬器的製造。[51]我對鑄器工藝一向缺乏研究,因為本文討論的馬紋青銅或鎏金牌飾多有鏤空特徵,這裡僅想補充去年王金潮和王瑋發表對中國古代透空青銅器製造工藝的檢討。[52]兩位王先生首先指出中國古代青銅器的鑄造法長期有泥模具和失蠟法的爭議,他們以實際複製曾侯乙尊、許公寧扣手透空飾件和陳璋壺透空紋飾圈泥模具為例,以及細緻觀察其他青銅器的工藝痕跡,指出中國「青銅時代的確不存在失蠟法,過去所稱以失蠟法鑄造的透空青銅器皆能以泥質合範工藝實際完成」。[53]他們更指出即使用失蠟法,同樣需要製作分塊的組合範;換言之,分塊合範鑄造才是自二里頭起先秦青銅器鑄造法的主流。今人雖曾以失蠟法實驗複製出了先秦青銅器,並不能證明先秦鏤空青銅器就是以失蠟法製成。

兩位王先生雖然這麼說,我仍然比較贊成羅豐失蠟和塊範兩法並存的結論。以失蠟法造青銅器在歐亞大陸西端可以最少上溯到西

---

51 羅豐,〈中原製造——關於北方動物紋金屬牌飾〉,《文物》,3(2010),頁58-59。

52 王金潮、王瑋,〈實驗考古——中國青銅時代透空青銅器泥模具鑄造工藝求實〉,《古今論衡》,26(2014),頁3-34。

53 同上,頁6。

元前第三千紀。以今天伊朗地區為例，這裡出土的古銅器幾乎全以失蠟法製成。[54]古代中原的青銅製造無疑主要以塊範法製成，但如果我們同意中原曾受域外青銅工藝的輻射，甚至模仿了域外器物的形式和紋樣，卻認為完全沒有吸收和利用外來的技法，豈不難以理解？[55]不過在製法上是否合適以質材作劃分，也就是說主要以硬模大量鑄造青銅器，以失織失蠟法製作貴金屬？似乎還可以再商量。因為許多器物往往採用多種材質，以多重而非單一的工藝技法去完成。所謂的貴金屬如果是指金、銀，金、銀的確有些以失織—失蠟法製作，很多主要以捶揲或模壓製成，更有很多是以銅或鐵為器底，表面鎏金、銀（鐵器鎏金、銀者例如見於馬家塬和圖瓦），甚至有以木為心，外包金或銀箔。[56]如果質材並非單一，複合為器，其工

---

54 Houshang Mahboubian, *Art of Ancient Iran Copper and Bronze*（London: Philip Wilson, 2007）.

55 周衛榮和黃雄也反對中國古青銅器以失蠟失織法製造之說。參周衛榮、黃雄，〈「失蠟失織法」商榷〉，收入《早期絲綢之路暨早期秦文化國際學術研討會論文集》（北京：文物出版社，2014），頁 178-188；但王紀潮意見相反，參氏著，〈鑄鼎鎔金——先秦時期中國青銅技術成就和動因〉，收入國立自然科學博物館、湖北省博物館編，《鼎立三十》（台中：國立自然科學博物館，2015），頁 7-15，尤其頁 13 指出春秋中期，中國青銅鑄造技術的重要發展是失蠟法的出現，而最早的失蠟法出現在近東。又該書頁 79 提到 1979 年 6 月，中國機械工程學會鑄造分會曾召開鑑定會，鑑定湖北隨州曾侯乙墓青銅尊盤為熔模（失蠟）工藝鑄造。河南淅川下寺一號楚墓出土的銅盞附件，二號墓出土的銅禁器體和獸形附飾、王子午鼎獸形附飾等春秋中期青銅器也被確認為以失蠟法製造。可見迄今仍難定論。但最近又有關秦始皇陵出土青銅馬車鑄造工藝的研究指出「秦始皇陵出土的青銅馬車具備失蠟法鑄造工藝特徵，而且未見範鑄法工藝留下的鑄造痕跡，據此可以推斷秦始皇帝陵青銅馬車的鑄造使用了失臘法工藝。」參楊歡，〈秦始皇帝陵出土青銅馬車鑄造工藝新探〉《文物》4（2019），頁88-96。

56 甘肅省文物考古研究所編，《西戎遺珍：馬家塬戰國墓地出土文物》，頁 70-198；S.Stark and K.S.Rubinson eds., *Nomadsand Networks: The Ancient Art andCulture of Kazakhstan*, pp. 26, 38-45, 76.

今塵集：秦漢時代的簡牘、畫像與文化流播
—— 卷一 古代文化的上下及中外流播

藝技術必複雜多樣，這就需要更為細緻的區分。

　　這裡打算特別討論的是母題的借用和仿製。前引舊文曾推斷前蘇聯哈薩克共和國境內阿拉木圖出土一個時代屬西漢晚期，鑲嵌綠松石的金冠邊飾，很可能是當地工匠吸收了漢代

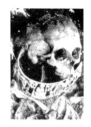

圖 56.1　出土情況，*L'Or des Amazones*, p. 219.

圖 56.2　*The Treasures of Nomadic Tribes*, p.111.

中原工藝母題元素，也可能即由中國工匠為草原民族所製造。阿拉木圖一帶在漢代是烏孫國的所在，烏孫久為漢代盟國，漢公主曾下嫁烏孫王。因此這裡出土中原製品，並不奇怪。我雖提到兩種可能，但原本的意見其實比較傾向於由中原工匠所製。近來看了較多的材料以後，覺得需要修正。這應更可能是當地工匠利用中原母題而仿製。因為我們不宜單看某件飾物，必須將它放在當地的器物工藝傳統中來考察，才可能比較正確地去判斷它的生產者。我過去忽略了這一點。

　　阿拉木圖在伊賽克湖北岸，這一帶塚墓出土金銀器很多，在器型和紋飾風格上明顯有當地自己的傳統。而這個傳統又和歐亞大陸，尤其是黑海地區一脈相連。從黑海東岸羅斯托夫的寇比亞寇沃十號塚墓所出鏤空鑲綠松石金冠（圖 56.1-2）到阿拉木圖所出金冠，應該都是一個相近傳統影響下的產物，後者不過是在部分紋飾上借用了流行於漢世中原的神仙母題而已。在中亞從事考古的美國學者史塔克（Sören Stark）曾試圖利用寇比亞寇沃金冠復原阿拉木圖金冠缺失的部分（圖57），說明二者的關聯性。他又據北亞游牧民族墓葬

出土的漢代銅鏡上的神仙紋飾，論證阿拉木圖金冠上神仙紋飾的可能來源。衡量其說，現在覺得實較我的舊說更為合理。[57]

圖57　史塔克嘗試復原的金冠展開圖，*Nomads and Networks*, p.134.

中亞古代器飾曾借用和仿製中原母題的另外一個例子是龍。較好的例證應屬阿富汗北部席巴爾甘黃金之丘出土的金質附耳式刀鞘和金帶鈎。黃金之丘墓群出土金器上萬，其中屬於西元一世紀後半期的四號墓，出土一件金刀鞘。其鞘身裝飾有一連串首尾相銜的神獸（圖58.1-3），其中有一龍形

圖58.1　*Afghanistan Crossroads*, no. 194, p. 272.

圖58.2　前圖鞘身局部

圖58.3　前圖作者線描

獸，其頭部和波浪狀彎曲的身軀，與秦漢畫像石和磚上常見的龍幾

---

57　SörenStark, "Nomads and Networks：Elites and their Connections to the Outside World", in S.Stark and K.S.Rubinson eds., *Nomads and Networks: The Ancient Art and Culture of Kazakhstan*, pp.107-138. 孫機先生也認為本件金冠是中亞工匠受漢文化影響而製造。參孫機，〈東周、漢、晉腰帶金銀扣具〉，《仰觀集》（北京：文物出版社，2012），頁94-95。我現在比較同意他們的看法。

無二致。首先必須指出附
耳式刀鞘的形式有單耳和
雙耳，很清楚淵源自古老
的伊朗，雙耳者曾見於前
述黑海東岸羅斯托夫廿五
號塚的一號墓（圖 59）和新
疆天山北麓的尼勒克吉林
台墓地（圖 60.1-2），[58]這與
古代中原流行的無耳刀鞘
完全不同。附耳式刀鞘只
可能是中亞傳統下的產
物。[59]若仔細觀察，刀鞘上
的龍尾分岔略似魚尾，又

圖 59　約西元 2 世紀鐵刀與刀鞘　羅斯托夫廿
五號塚一號墓，*L'Or des Amazones*, p. 246.

圖 60.1-2　西元前 10 至 6 世紀骨質刀鞘
2003 年尼勒克吉林台墓地出土，《絲路傳奇》
（臺北：國立歷史博物館，2008），頁 69。

似被其後一獸咬住。這樣的尾部造型和構圖概念完全不見於秦漢中
原器飾，卻見於黃金之丘出土的其他金飾（見本文圖 24.1-2）和新疆
尼雅出土的棉布臘染（圖 61.1-2）。棉布臘染工藝絕非秦漢中原所曾
有，其上圖飾左側描繪手持豐饒角的女神，右端上方殘存獅爪和獅
尾，這些都和希臘神話有關，也明確和秦漢中原無涉。可見這件棉

---

58　尼勒克吉林台墓地考古簡報見新疆文物考古研究所、伊犁哈薩克自治州文物局，
　　〈尼勒克縣加勒克斯卡茵特山北麓墓葬發掘簡報〉，《新疆文物》，3-4（2006），頁
　　1-28。這個墓群的年代上限在西元前 6 世紀前後，下限最晚相當於漢晉時期。

59　孫機先生曾討論過這種附耳式刀鞘的來歷和佩帶法，請參孫機，〈玉具劍與璏式佩
　　劍法〉，《中國聖火》（瀋陽：遼寧教育出版社，1996），頁 15-43。較新研究參林
　　鈴梅，〈新疆地區發現的圭字形劍鞘的研究〉，《西域文史》（北京：科學出版社，
　　2018），頁 127-144。

圖 61.1　1959 尼雅出土蠟染棉布　新疆維吾爾自治區博物館編，《新疆出土文物》（北京：文物出版社，1975），圖 35。

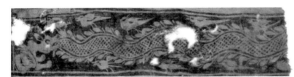

圖 61.2　前圖局部左側，有一獸咬住龍尾。

圖 62　*Afghanistan*, no. 205, p. 279.

織品不可能來自中原，只可能是西元十二世紀尼雅或尼雅貿易範圍內，某地工匠受東西各方裝飾藝術母題影響，兼容並蓄而後產製的。

黃金之丘第四號塚墓還出土一件金帶鉤，其上有造型十分明確的龍（圖 62），龍頭、龍角和波浪式彎曲的龍身都和中原所見無異，其後雖無追咬的獸，尾部卻也分岔如魚，可見龍的造型雖大體類似中原，尾部造型卻融入了在地的元素。而這種在地元素應和古代希臘神話中似龍有魚尾或馬頭龍身魚尾的海怪（ketos）有關（圖 63 至 66）。因為正如大家所熟知，黑海地區代表斯基泰藝術的許多金銀器實際上出自黑海沿岸希臘殖民城邦的希臘工匠之手。如果比較黃金之丘第四號塚出土的龍和希臘陶罐上彩繪的龍，即不難發現四號塚金帶鉤和金刀鞘上的龍頭和龍身部分和中國中原的較相似，龍尾部分則有希臘海怪分岔如魚的特色而與中國龍不同。

前賢早已指出仿製的現象見於域外，也見於域內，本文僅作了些補充。最後打算舉河南永城芒碭山西漢梁王墓牌飾為例，說明由

圖 63.1-2　土耳其西南卡銳亞（Caria）出土　西元前 530 年左右希臘陶甕及
局部，描繪赫拉克利斯（Heracles）大戰海怪（ketos）。

圖 64.1-2　義大利羅馬出土　西元前 5 世紀伊特拉士坎或羅馬青銅圓錐桶蓋上
的海怪紋飾，2016.11.19 作者攝於柏林舊博物館（Altes Museum Berlin）。

圖 65　美國加州蓋提博物館（J.
Paul Getty Museum）藏，西元前
4 世紀希臘陶罐，描繪伯爾修斯
（Perseus）大戰海怪（ketos）。

圖 66　西元前 3 世紀海怪 ketos 鑲嵌　義大
利半島南端考隆尼亞（Caulonia）的龍之屋
（Casa del Drago）發現。以上採自網路
https://commons.wikimedia.org/wiki/
File:Mosaic_with_a_ketos_（sea_monster）

仿製進而再創造，終致母
題「在地化」而面目全非
的現象。這一現象過去已
有學者注意，唯意見相當
分歧。[60]前文提到所謂仿製
有形式上和紋飾上的模
仿。西漢梁王墓陪葬坑出
土了很多明顯具有斯基泰
藝術風格的仿製金質馬具
和牌飾，有趣的是在同一
陪葬坑內，另外出土了十
餘件長方形鏤空的馬車牌
飾。長方鏤空銅質鎏金牌

圖 67.1　　《匈奴與中原》（鄭州：中州古籍出版
社，2012），頁 169。

圖 67.2　　《芒碭山西漢梁王墓地》，圖版 12.1。

飾無疑保留了草原牌飾的外部形式，牌飾的紋飾內容卻已完全「漢
化」成中原本土流行的謁見、玄武、麒麟等和神仙有關的母題（圖

---

60　盧岩、單月英曾以揚州西漢晚期「姜莫書」木槨墓出土長方形鎏金金銅腰飾牌的
　　邊紋和內飾都已失去浮雕動物紋的特徵為例，以說明這種長方形動物紋牌飾在西
　　漢晚期逐漸退出歷史舞台。參氏著，〈西漢墓葬出土的動物紋腰飾牌〉，《考古與
　　文物》，4（2007），頁 54-55。但也有學者指出草原動物紋飾對兩漢畫像石藝術造
　　成了影響，並未消失，只是轉換了舞台。參楊孝鴻，〈歐亞草原動物紋飾對漢代藝
　　術的影響——從徐州獅子山西漢楚王陵出土的金帶扣談起〉，《藝苑·美術版》，1
　　（1998），頁 32-38。潘玲更據較多的材料對長方形牌飾分類和定年，指出在不同的
　　區域會以原有的牌飾為模型「翻製出新的牌飾」，時代可以晚到兩晉三燕時期。參
　　潘玲，〈矩形動物紋牌飾的相關問題研究〉，《邊疆考古研究》，3（2005），頁 126-
　　145。同文收入《伊沃爾加城址和墓地及相關匈奴考古問題研究》（北京：科學出
　　版社，2007），頁161-194。可見學者意見頗有不同，這一問題還待較全面地深入
　　研究。

67.1-5）。考古報告說這些銅
質鎏金牌飾有十五件，可
分為二型。I 型有兩件，整
體形狀為豎立長方形，圖
案透雕。以聳峙的山巒為
主題，流雲環繞，古松蒽
翠。山頂峰有一鳥，山腳
下一虎作爬山狀。II 型有十
三件，外部輪廓長方形，
方框內為透雕人物、異獸
等圖案。II 型共有五種不同
的圖案，簡單地說有(1)樹
下賓主對坐相互為禮，後
有站立的侍者（圖 67.1）；(2)
右端有仙人，與左端獸首
人身者對語（圖 67.2），下
有騎虎異獸；(3)仙人騎麒

圖 67.3　　《芒碭山西漢梁王墓地》，圖版 12.3。

圖 67.4　　《匈奴與中原》，頁 169。

圖 67.5　　《芒碭山西漢梁王墓地》，圖版 13.1。

麟尾隨玄武之後（圖 67.3）；(4)異獸與帶羽仙人各騎一麒麟（圖
67.4）；(5)跪姿人物及帶翼神獸（圖 67.5）。[61]

　　以上馬車牌飾不論 I 型或 II 型，都呈鏤空長方形，這和近年甘
肅張家川馬家塬西戎墓出土鑲嵌在車箱外側，以金銀箔片剪切而成
的長方形鏤空車牌飾，在外形上可謂一致，[62]但紋飾內容完全不

61　詳見閻根齊主編，《芒碭山西漢梁王墓地》，頁 47-48。
62　參甘肅省文物考古研究所編，《西戎遺珍：馬家塬戰國墓地出土文物》，頁 24 圖

同。馬家塬出土的其他金銀車飾和腰帶飾都明顯和北亞斯基泰藝術風格有關。[63]我們當然不能說梁王墓牌飾和馬家塬者直接相關，但用長方形鏤空金屬片裝飾馬車的概念，無疑可以透過馬家塬找到域外的淵源。這裡要強調的是來自域外的車飾或其他牌飾形式在中原工匠的模仿下，或者保有原本的形式和內容，或者作了局部和不同程度的變化（有些保有紋樣，卻製作地更為優美繁複精緻），或在舊瓶中注入了全新的酒，除了瓶子，已無原酒的滋味。這部分分辨不易，也最容易被忽略。這個問題還需要更多論證，更多方面的考慮，這篇小文僅提了個頭，不論域內或域外者，細論都有待來日。[64]

# 四 結論

總結來說，從黑海北岸向東大致經西伯利亞、蒙古草原到大興安嶺，數千年來一直是民族移動、貿易、戰爭和文化往來的通道，

---

一四、頁 86 魚紋銀車飾、頁 93 長方形金銀車輪飾、頁 96 長方形虎紋金車輪飾等。

63　同上，頁 30。

64　例如 1987 年在新疆和靜縣察吾乎出土一面屬新疆鐵器時代早期的青銅圓形鏡，直徑 9 公分，中央有橋形鈕，外形完全像秦漢銅鏡，但其背面虎形紋飾完全不見於中原，紋飾線條簡單粗糙，無疑是當地的仿製品。另外阿爾泰山區村莊 Boukhtarma 也曾出土時代約屬西元前 8 至前 7 世紀的鹿紋圓形中央有鈕無柄銅鏡，直徑 13.5 公分。這類域外仿製而母題已完全在地化的應有不少，難以細舉和辨識。和靜出土銅鏡見朝日新聞社，《樓蘭王國と悠久の美女》（東京：朝日新聞社，1992），頁 124 圖 324。Boukhtarma 出土銅鏡見 IaroslavLebedynsky, *Les Saces*, Paris, 2006, p.104.

因往來而留下的無數遺跡、遺物，近兩百年來吸引著無數學者去勾勒出一幅幅面貌不盡相同的歷史畫卷。[65]隨著遺址發掘或發現和出土遺物的增加，有些畫面變得較為清晰，仍有太多模糊不明，爭議難定，有待進一步解析。本文僅就時代約略屬戰國至漢代的長方形金屬動物紋牌飾或佩飾為線索，對舊作略作補充和修正，試圖指出古代中外文化交流現象和內涵的複雜性；有些現象比較明顯，尚可追索，有些面目難辨，還難論定。最後必須鄭重強調，動物紋牌飾在不同時代和地區有十分多樣的形制，[66]僅僅據長方形馬紋牌飾為線索一定會有認識上的局限。不足和欠妥之處必多，敬請專家們指教。

## 後記

本文寫作過程中，得到好友羅豐、陳健文及學棣石昇烜、游逸飛協助，謹申謝忱。又本文寫完後，得見英國杰西卡・羅森（Jessica Rawson）〈異域魅惑——漢帝國及其北方鄰國〉，《古代墓葬美術研究》，第二輯（長沙：湖南美術出版社，2013）、〈中國與亞洲內陸的交流（公元前 1000 至公元 1000 年）：一個西方的視野〉，收入復旦文史

---

65 較新一篇大規模檢討中國北方地帶和草原文化互動關係且有新見的論文當屬單月英，〈東周秦代中國北方地區考古學文化格局——兼論戎、狄、胡與華夏之間的互動〉，《考古》，3（2015），頁 303-344。根據單先生的分析，本文討論獸類有翻轉後肢特色的鎏金或金銀飾牌多出現在戰國末期至秦代，並認為裝飾神獸紋樣的長方形腰飾牌本身就是秦國工匠的「全新創造」（頁 343）。同樣意見又見前引單月英，〈中國及歐亞草原出土的長方形腰飾牌與飾貝腰帶研究〉，收入羅豐主編，《絲綢之路考古》，第一輯，頁 127-167。另一檢討全局並提出新說的應屬前引楊建華等著，《歐亞草原東部的金屬之路》，值得參考。

66 喬梁，〈中國北方動物飾牌研究〉，《邊疆考古研究》，1（2002），頁 13-33。

研究院、中華書局編輯部編，《心物交融》（北京：中華書局，2017）以及楊建華等著，《歐亞草原東部的金屬之路》（上海：上海古籍出版社，2016），所論或和敝文相關，或和敝見相似，不及充分參考，十分遺憾。

原刊孟憲實、朱玉麒主編，《探索西域文明：王炳華先生八十華誕祝壽論文集》（上海：中西書局，2017），頁 45-71。

105.9.20/109.8.4 增訂

邢義田作品集

# 今塵集：秦漢時代的簡牘、畫像與文化流播

## 卷一：古代文化的上下及中外流播

2021年5月初版
定價：新臺幣680元
有著作權・翻印必究
Printed in Taiwan.

| | | |
|---|---|---|
| 著　　　者 | 邢　義　田 | |
| 叢書主編 | 沙　淑　芬 | |
| 校　　　對 | 王　中　奇 | |
| 內文排版 | 菩　薩　蠻 | |
| 封面設計 | 兒　日 | |

| | |
|---|---|
| 出　版　者 | 聯經出版事業股份有限公司 |
| 地　　　址 | 新北市汐止區大同路一段369號1樓 |
| 叢書主編電話 | （02）86925588轉5310 |
| 台北聯經書房 | 台北市新生南路三段94號 |
| 電　　　話 | （02）23620308 |
| 台中分公司 | 台中市北區崇德路一段198號 |
| 暨門市電話 | （04）22312023 |
| 台中電子信箱 | e-mail：linking2@ms42.hinet.net |
| 郵政劃撥帳戶第0100559-3號 | |
| 郵撥電話 | （02）23620308 |
| 印　刷　者 | 文聯彩色製版有限公司 |
| 總　經　銷 | 聯合發行股份有限公司 |
| 發　行　所 | 新北市新店區寶橋路235巷6弄6號2樓 |
| 電　　　話 | （02）29178022 |

| | |
|---|---|
| 副總編輯 | 陳　逸　華 |
| 總　編　輯 | 涂　豐　恩 |
| 總　經　理 | 陳　芝　宇 |
| 社　　　長 | 羅　國　俊 |
| 發　行　人 | 林　載　爵 |

行政院新聞局出版事業登記證局版臺業字第0130號

ISBN　978-957-08-5757-3 (精裝)

國家圖書館出版品預行編目資料

今塵集：秦漢時代的簡牘、畫像與文化流播
　卷一：古代文化的上下及中外流播/邢義田著．初版．
　新北市．聯經．2021年5月．256面．14.8×21公分
　（邢義田作品集）
　ISBN　978-957-08-5757-3（精裝）


　1.秦漢史　2.簡牘學　3.文化史

621.9　　　　　　　　　　　　　　　　110004282